Tennis – Alles, was man wissen muss

Allgemeine Hinweise:

Aus Gründen der besseren Lesbarkeit haben wir uns entschlossen, durchgängig die männliche (neutrale) Anredeform zu nutzen, die selbstverständlich die weibliche mit einschließt.

Auch wenn die Bezeichnungen im heutigen Profisport nicht mehr zeitgemäß sind, ist im Tennis aus historischen Gründen nach wie vor von Damen und Herren die Rede.

Das vorliegende Buch wurde sorgfältig erarbeitet. Dennoch erfolgen alle Angaben ohne Gewähr. Weder der Autor noch der Verlag können für eventuelle Nachteile oder Schäden, die aus den im Buch vorgestellten Informationen resultieren, Haftung übernehmen.

Sollte diese Publikation Links auf Websiten Dritter enthalten, so übernehmen wir für deren Inhalte keine Haftung, da wir uns diese nicht zu eigen machen, sondern lediglich auf deren Stand zum Zeitpunkt der Erstveröffentlichung verweisen.

DINO REISNER

TENNIS

★ ★ ALLES, WAS MAN WISSEN MUSS ★ ★

REGELN
TURNIERE
STARS
★ ★ ★

MEYER & MEYER VERLAG

„Wenn du deinen Sport wirklich liebst, musst du seine Geschichte studieren, damit du verstehst, wie er zu dem geworden ist, wie wir ihn heute kennen."

Roger Federer

Tennis – Alles, was man wissen muss

Bibliografische Information der Deutschen Bibliothek

Die Deutsche Bibliothek verzeichnet diese Publikation in der Deutschen Nationalbibliografie; detaillierte bibliografische Details sind im Internet über <http://dnb.ddb.de> abrufbar.

Auckland, Beirut, Dubai, Hägendorf, Hongkong, Indianapolis, Kairo, Kapstadt, Manila, Maidenhead, Neu-Delhi, Singapur, Sydney, Teheran, Wien

Member of the World Sport Publishers' Association (WSPA)

Druck: CPI – Clausen & Bosse, Leck

ISBN 978-3-8403-7745-7

E-Mail: verlag@m-m-sports.com

www.dersportverlag.de

INHALT

★★★

VORWORT VON CHRISTOPHER KAS

Seit den Erfolgen von Steffi Graf und Boris Becker kennt hierzulande nahezu jedermann die Tennisregeln. Geht es um Aufschlag, Vor- und Rückhand, um Crossbälle, Longline, Grundlinienspiel oder Netzangriffe, so kann hier jeder mitreden. Und das finde ich super. Tennis zählt weltweit zu den populärsten und beliebtesten Sportarten – ganz einerlei, ob in der Profiszene oder im Amateurbereich. Und auch bei all jenen, die gar nicht selbst spielen, aber zuschauen.

Was macht den Sport eigentlich so faszinierend? Er ist so einfach. Jeder kann ihn betreiben. Man braucht nur etwas Ballgefühl, Laufbereitschaft und eine gewisse Raffinesse, um den Gegner auszutricksen. Das Alter spielt keine Rolle. Bis in den Seniorenbereich hinein kann man den Schläger und die Filzkugel bewegen. Und wenn es zum Einzel nicht mehr reicht, dann eben zum Doppel.

Meine Philosophie war ohnehin immer: Doppel ist halb so anstrengend, macht aber doppelt so viel Spaß. Hinzu kommt in den Sommermonaten die gute, frische Luft – und die ist auf den rund 45 000 Plätzen in Deutschland von April bis Oktober garantiert. Und weil auch das Spiel im Winter nach wie vor seine Qualitäten hat, brauchen sich die Hallenbetreiber über mangelnde Buchungen nicht zu beklagen.

Auch die Nachwuchsarbeit wird innerhalb des Deutschen Tennis Bundes (DTB) großgeschrieben. Dank großflächiger Sichtungen, frühzeitiger

Spielrunden und Förderungen auf Vereins-, Kreis-, Bezirks- und Landesebene gehen Talente heutzutage nicht mehr verloren. Die Kunst ist hier, die „Tenniszwergerl" zu begeistern. Deshalb kommt den Nachwuchstrainern eine ganz große Bedeutung zu.

Natürlich ist die Konkurrenz groß mit Fußball und den vielen neuen Funsportarten. Aber Tennis hält dagegen. Und das finde ich klasse. So ist die Zukunft gesichert. Mein Dank gilt an dieser Stelle jedem einzelnen Nachwuchstrainer, der dafür sorgt, dass unser wunderschöner Tennissport am Leben bleibt.

Vorbilder gibt es genug, und die TV-Übertragungen haben einen großen Anteil. Ich kann mich noch bestens an die großen Wimbledonmatches von Boris Becker erinnern. Als er zum ersten Mal dort gewann, war ich gerade mal fünf Jahre alt. So etwas prägt einen. Ich selbst habe dann mit Schläger und Ball auf unserem Rasen vor dem Haus an die Wand gespielt. Natürlich durfte der berühmte „Beckerhecht" nicht fehlen. Ja, ich kann sagen, Boris hat mich auf den Tennisweg gebracht. Er hat alle fasziniert – und mich ganz besonders.

Und ich möchte keine Sekunde missen, auf dem Platz oder auch drum herum. Das gilt für die vielen Jahre als Spieler auf der Profitour und danach auch als Trainer. Ich habe mein Hobby zum Beruf gemacht. Ein Beruf, der richtig Spaß macht.

Ich könnte jetzt unzählige große Matches aufzählen, die ich in den 1980er- und 1990er-Jahren am Fernsehen verfolgt habe. Aber wir müssen ja gar nicht so weit zurückblicken. Denken wir nur an die Gegenwart, an das Finale der US Open 2020 zwischen Dominic Thiem und Alexander Zverev. Wer hier live am Bildschirm dabei war, hat die geballte Tennisdramaturgie miterlebt. So etwas kann man nicht vorhersagen. Es gab trotz Matchplänen Höhen und Tiefen hüben wie drüben. Ein Unentschieden wäre hier verdient gewesen, denn ich habe zwei ganz große Champions gesehen. Doch der Tennissport kennt eben nur einen Sieger – und der hieß in diesem Fall Dominic Thiem.

Im vorliegenden Buch beschreibt Dino Reisner den Tennissport sehr anschaulich. Er gibt Einblicke in die Geschichte, ins Regelwerk, er taucht ein mitten ins Match. Es ist ein Buch für jedermann. Und jeder Aktive kann etwas für sich herausziehen. In diesem Sinne viel Spaß beim Lesen.

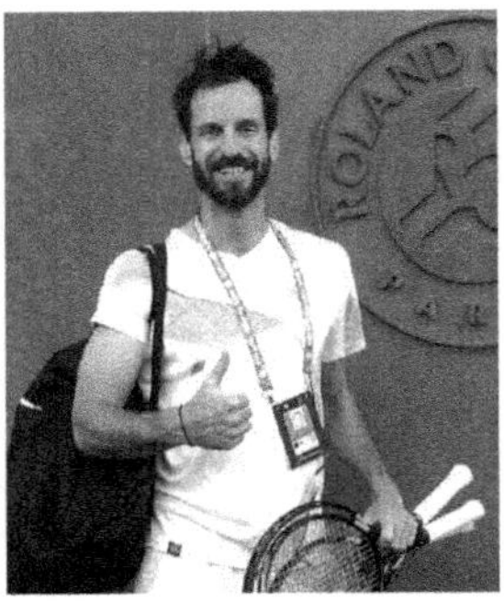

Christopher Kas war von 2001 bis 2014 auf der Profitour unterwegs. Er gewann fünf ATP-Turniere im Doppel und gehörte fünfmal zum deutschen Davis-Cup-Team. Bei den Olympischen Spielen 2012 in London wurde er mit Sabine Lisicki Vierter im Mixed. Nach dem Ende seiner aktiven Karriere blieb der Oberbayer als Trainer von Sabine Lisicki, Mona Barthel und Peter Gojowczyk sowie als Teamchef des Bundesligisten TC Großhesselohe dem Profitennis erhalten. Seit 2019 arbeitet er zudem als Experte bei Servus TV.

★★★

INTRO VON DINO REISNER

Über Jahrzehnte hinweg galt Tennis in Deutschland als elitärer Sport. Doch dann kam der 7. Juli 1985. Ein 17 Jahre alter Teenager aus der badischen Kleinstadt Leimen stürmte sensationell ins Finale von Wimbledon und versetzte eine ganze Nation in Euphorie. Elf Millionen Menschen saßen in der Bundesrepublik vor den TV-Geräten, als Boris Becker auf dem heiligen Rasen den Matchball gegen Kevin Curren verwandelte. In diesem Moment war nicht nur ein Sportheld geboren.

Tennis, hierzulande bis dahin vorwiegend der besserverdienenden Gesellschaft vorbehalten, entwickelte sich in Windeseile zum Volks- und Breitensport. Jung und Alt strömte auf den roten Sand. Obwohl neue Tennisplätze und neue Tennishallen wie Pilze aus dem Boden schossen, hatten die Vereine Probleme, dem gewaltigen Andrang Herr zu werden. Sogar Wartelisten für die Aufnahme wurden geführt.

Boris Becker und kurze Zeit später die eineinhalb Jahre jüngere Stefanie Graf aus dem nur 18 Kilometer von Leimen entfernten Brühl sorgten landesweit für eine Begeisterung, wie es niemals zuvor einzelnen Sportlern gelang.

ARD und ZDF und die damals neuen Privatsender RTL plus und Sat 1 sicherten sich Übertragungsrechte von unzähligen Turnieren, kurzfristig wurden Showkämpfe organisiert und Einladungsturniere ins Leben gerufen. Millionen von Menschen vor den TV-Geräten fieberten mit, teilweise bis tief in die Nacht. Unvergessen, wie Boris Becker im Davis Cup 1987 in Hartford die US-Amerikaner John McEnroe und Tim Mayotte in fünf Sätzen niederrang und danach mit der Deutschlandfahne eine Ehrenrunde durch die Halle drehte – dies hatte es bis dahin noch nie gegeben.

Stefanie Graf übernahm im August 1987 die Führung der Weltrangliste, Boris Becker folgte dreieinhalb Jahre später im Januar 1991. Deutschland war die Tennisnation Nummer eins auf dem Erdball.

Am 9. Juli 1989 gelang den beiden Superstars Historisches: Innerhalb von drei Stunden gewannen Stefanie Graf und Boris Becker das Turnier in Wimbledon, das wichtigste, prestigeträchtigste und traditionsreichste der Welt (das Damenfinale musste wetterbedingt von Samstag auf Sonntag verlegt werden). Diesmal saßen sogar 15 Millionen Deutsche vor den Bildschirmen.

Abgesehen von den Übertragungen der Grand-Slam-Turniere aus Melbourne, Paris und New York auf Eurosport ist Tennis hierzulande aus den frei empfangbaren TV-Programmen nahezu verschwunden. Auch Weltklasseturniere lassen sich nicht mehr finanzieren. Dennoch lebt die Sportart noch immer. In der Spitze ebenso wie in der Breite. Im September 2016 wurde mit Angelique Kerber wieder eine deutsche Spielerin Nummer eins der Welt, ein Jahr später stieß Alexander Zverev unter die Top drei vor.

2018 gewann Kerber Wimbledon, im gleichen Jahr holte Zverev den Titel bei den ATP Finals. Der Deutsche Tennis Bund (DTB) ist mit 1,37 Millionen Mitgliedern nach wie vor der größte Tennisverband der Welt und national hinter den Fußballern und den Turnern die Nummer drei – weit vor den Dachverbänden der Leichtathleten (0,79), der Handballer (0,75) oder der Golfer (0,64). Hinzu kommen unzählige, nicht organisierte Tennisspieler in kommerziellen Sportanlagen.

Man kann sagen: In der goldenen deutschen Tennisepoche in der zweiten Hälfte der 1980er- und der ersten Hälfte der 1990er-Jahre lebte Tennis über seine Verhältnisse, vieles war überdreht. Seither hat sich der Tennissport auf einem nach wie vor hohen Niveau etabliert.

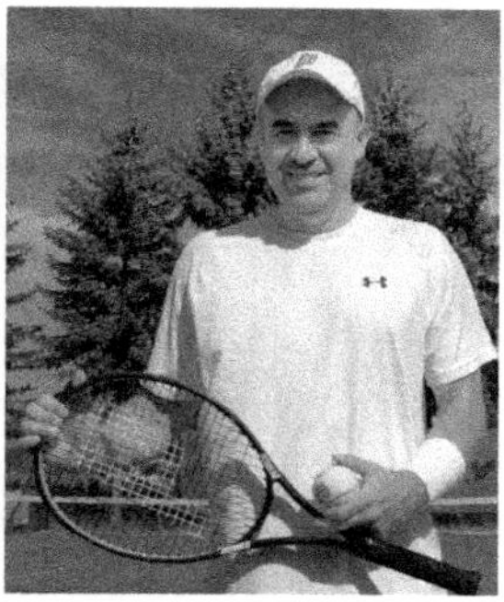

Dino Reisner arbeitet bundesweit als Sportjournalist und Buchautor mit den Schwerpunkten Basketball, Fußball, Handball, Eishockey und Tennis. Er schrieb unter anderem Biografien über Dirk Nowitzki, Michael Ballack, Pep Guardiola und Leroy Sané sowie mehrere Ratgeber. Der Oberfranke ist selbst aktiver Tennisspieler.

★ 1 ★

ENTSTEHUNG UND ENTWICKLUNG

1.1 DIE ANFÄNGE IN NORDFRANKREICH

Übereinstimmenden Quellen zufolge finden sich die Ursprünge des Tennissports im 13. Jahrhundert in Klöstern Nordfrankreichs. Zum Zeitvertreib droschen dort Geistliche in den Innenhöfen mit der flachen Hand eine mit Wolle, Sand oder Haaren gefüllte Lederkugel von einer Seite auf die andere. Überliefert ist die Bezeichnung „Jeu de Paume" (Spiel mit der Handinnenfläche). Im Laufe der Zeit spannten sie eine Schnur in die Mitte.

Vorformen eines Schlägers aus Holz tauchen erstmals in Schriften und Bildern aus den Jahren 1505 und 1511 auf. Überliefert wird, dass die Lederkugel schon damals nach einmaligem Aufspringen oder direkt aus der Luft (à la volée) geschlagen werden musste – daher stammt auch der heute gebräuchliche Begriff „volley". Seinen Namen verdankt Tennis wohl dem französischen Ausruf „tenez" (haltet die Stellung), mit dem der erste Schlag eingeleitet wurde.

Zunehmend verbreitete sich das Spiel in der wohlhabenden Gesellschaft und im Adel – insbesondere Ludwig X., von 1314 bis 1316 König von

Frankreich, soll daran Gefallen gefunden haben. Weil es noch keine Turniere oder andere Formen des Wettbewerbs gab, wurde damals Geld auf die Spiele und Spieler gewettet.

Den meisten Quellen zufolge kommt davon die für viele bis heute unverständliche und geheimnisvolle Zählweise: Auf einen Punkt wurde die Silbermünze Gros Tournois gesetzt, deren Wert 15 Denier Tournois betrug. In einem Spiel betrug der Einsatz vier Gros Tournois, also 15, 30, 45 und 60 Denier Tournois. Diese Zählweise wurde auch nach dem Verschwinden des Gros Tournois aus dem Zahlungsverkehr beibehalten, die 45 wurde im Laufe der Zeit der einfacheren Aussprache wegen auf 40 verkürzt und die 60 am Spielende durch den Ausdruck „jeu" (zu Deutsch Spiel) ersetzt.

Eine andere, weniger verbreitete Theorie zum Ursprung der Zählweise besagt, dass die Spieler ihre Partie auf einer Null-Zoll-Linie begonnen hätten. Derjenige, der den Punkt erzielte, durfte zur 15-Zoll-Linie aufrücken, beim nächsten Punkt zur 30-Zoll-Linie und beim übernächsten zur 45-Zoll-Linie. Weil diese zu nahe am Netz war, wäre sie auf 40 Zoll reduziert worden.

Ab Ende des 15. Jahrhunderts fand das Spiel seinen Weg auch nach Deutschland. Der Sporthistoriker Heiner Gillmeister berichtet von Ursprüngen unter freiem Himmel in Kiel, Hamburg und Köln sowie von einem Ballhaus, das 1548 auf Geheiß von Kaiser Karl V. in Augsburg errichtet wurde. Ein weiteres Ballhaus „zur Unterhaltung und zweckmäßigen Leibesübung der studierenden Jugend" entstand 1593/94 in Ingolstadt. Das fast zeitgleich gebaute Ballhaus in Tübingen war Teil der dortigen Ritterakademie. Die in den Ballhäusern beschäftigten „Ballenmeister" waren die Vorgänger der heutigen Tennistrainer.

Im Jahr 1740 wurde in Frankreich ein internationales Turnier durchgeführt, das in diversen Quellen sogar als die erste Tennisweltmeisterschaft bezeichnet wird. Der Franzose Clergé de Elder konnte das Turnier für sich entscheiden. Er behielt den Titel so lange, bis ihn ein Herausforderer schlagen konnte. Dies gelang erst 25 Jahre später seinem Landsmann Raymond Masson. So viel zur Frühgeschichte des Tennissports.

1.2 DAS MODERNE TENNIS

Als Erfinder des Tennisspiels, wie wir es heute kennen, gilt der Waliser Walter Clopton Wingfield. Nach seinem Militärdienst für die britische Armee, der ihn unter anderem nach Indien und China geführt hatte, ließ er sich Ende der 1860er-Jahre in London nieder, wo er als Major in Diensten von Queen Victoria und König Edward VII. arbeitete. Nebenher entwickelte er ein neues Spiel, das als Freizeitvergnügen für den Landadel dienen sollte.

Wingfield kombinierte die Regeln des bis dahin in Ballhäusern ausgeübten Tennisspiels mit dem seinerzeit auf der Insel populären Croquet, einer nicht mit Cricket zu verwechselnden Präzisionssportart, bei der auf einer kurz getrimmten Rasenfläche farblich markierte Holzkugeln mit einem hammerförmigen Schläger durch gebogene Drahtbügel gestoßen wurden.

Sein neues Spiel ließ sich Wingfield 1874 als „Lawn Tennis" patentieren. Rasch erfreuten sich seine in Zeitungsannoncen beworbenen Lawn-Tennis-Sets großer Beliebtheit in der Bevölkerung. Diese bestanden aus Schlägern, Gummibällen, einem Netz, den dazugehörigen Pfosten, Kreide zur Feldmarkierung sowie einer achtseitigen Broschüre, in der die Spielregeln erklärt wurden. Die vulkanisierten Gummibälle, die eine deutlich bessere Sprungeigenschaft besaßen als die bis dahin in den Ballhäusern verwendeten Lederkugeln, ließ Wingfield aus Deutschland importieren.

Der sportliche Charakter des Lawn Tennis war zunächst noch gering. Vielmehr diente es für Damen wie Herren als „Zeitvertreib, mit dem sich der auf der Insel unumgängliche Fünfuhrtee unterhaltsamer gestalten ließ", wie Sporthistoriker Gillmeister berichtet. „Obendrein bot es die Gelegenheit, die Tochter aus gutem Hause mit dem vermögenden und vielleicht sogar gutaussehenden jungen Mann aus der Nachbarschaft zu verbandeln. Im Kaiserreich sprach man später vom Verlobungstennis."

Wer sich heute fragt, weshalb im Englischen der Spielstand 0 (null) nicht etwa mit dem gängigen Wort „Zero" bezeichnet wird, sondern mit „Love" (Liebe) – hier hat er die Antwort erhalten.

Mehr sportlicher Charakter hielt erst Einzug durch Henry Jones, einen Londoner Mediziner und Mitglied des All England Croquet Clubs in Wimbledon. Auf Jones' Initiative wurde das neue Spiel ins Vereinsprogramm aufgenommen und der Name in All England Croquet and Lawn Tennis Club umbenannt. Weil der Verein im Sommer 1877 dringend Geld für die Reparatur einer gebrochenen Achse seiner einzigen Rasenwalze benötigte, kam Jones auf die Idee, ein Turnier zu veranstalten – es war die Geburtsstunde des heutigen Grand-Slam-Turniers im Süden Londons.

Hierfür entwickelte der Mediziner gemeinsam mit Julian Marshall und John Moyer Heathcote, einem Kunstsammler und einem Rechtsanwalt, die Wingfieldschen Regeln weiter. Unter anderem wurde das bis dahin sanduhrförmige Spielfeld, das an der Grundlinie breiter war als am Netz, einem Rechteck angepasst. Die Gummibälle wurden mit einer Flanellschicht überzogen.

Das erste Wimbledonturnier spülte dem damals klammen Club durch die Startgebühren der Teilnehmer und die Eintrittsgelder der Zuschauer umgerechnet 350 Euro in die Kasse. Die defekte Rasenwalze konnte repariert werden. Und Jones blieb bis 1885 Oberschiedsrichter des Turniers.

Rasch verbreitete sich Lawn Tennis in den 1870er-Jahren auch in den britischen Überseegebieten, etwa auf Bermuda. Dort fand die junge New Yorkerin Mary Outerbridge während eines Verwandtenbesuchs Gefallen an der Sportart, als sie englischen Soldaten beim Spielen zusah. Zurück in der Heimat überredete sie ihren älteren Bruder August Emilius Outerbridge, den Präsidenten des Staten Island Cricket Clubs, auf dem Vereinsgelände ein Tennisfeld abzustecken. 1880 wurde hier das erste Turnier in den USA ausgerichtet.

In Windeseile verbreitete sich Tennis an der Ostküste, bereits im Mai 1881 wurde im Fifth Avenue Hotel in New York der Verband United States National Lawn Tennis Association (USNLTA) gegründet. Der amerikanische Verband, der seinen Namen im Laufe der Jahre in United States Tennis Association (USTA) verschlankt hat, ist damit der älteste der Welt. Nur drei Monate nach seiner Gründung führte er auf den Rasenplätzen des Newport Casinos auf Rhode Island die ersten US National Singles Championships for Men durch, den Vorläufer der heutigen US Open.

1.3 DIE ENTWICKLUNG IN DEUTSCHLAND

Englische Kurgäste brachten Lawn Tennis in den 1870er-Jahren auch nach Deutschland. In Bad Homburg spielten sie „auf provisorisch abgesteckten Spielfeldern auf den Rasenanlagen im Kurpark in langen weißen Kleidern und Hosen. Durch die im Sommer in Bad Homburg verweilende Kaiserfamilie mit ihrem Gefolge erlebte die neue Attraktion schnell einen Boom und führte 1876 zur Gründung des ersten Tennisvereins auf dem Kontinent", wie in der Chronik des TC Bad Homburg, dem ältesten deutschen Tennisverein, nachzulesen ist.

Im Laufe der Jahre entstanden weitere Clubs und Anlagen in Baden-Baden (1881), in Freiburg (1883), in Kassel (1883) und in Essen (1884). In Frankfurt/Main wurde 1884 die „Spielplatzgesellschaft im Palmengarten" gegründet, die man heute wohl als kommerzielle Sportanlage bezeichnen würde.

Das erste internationale Turnier in Deutschland reklamieren gleich drei Vereine und Städte für sich. Der TC Rot-Weiss Baden-Baden schreibt in seiner Chronik, dass er bereits 1883 und damit lange vor allen anderen – damals noch unter der Bezeichnung International Lawn Tennis Club firmierend – ein großes Turnier durchgeführt habe unter fast ausschließlich britischer Beteiligung. Star der Veranstaltung war demnach der Prince of Wales. Doch erst ab 1901 wurde das Turnier jährlich ausgetragen.

Ab 1892 fand auf der Hamburger Uhlenhorst ein internationales Turnier statt, zunächst nur für die Herren, ab 1896 auch für die Damen. Initiator war Carl August von der Meden, der spätere Präsident des Deutschen Lawn Tennis Bundes. Der Sohn einer wohlhabenden Hamburger Kaufmanns- und Maklerfamilie hatte sich nach dem Ende einer mehrjährigen Weltreise in den 1870er-Jahren in London niedergelassen, wo er mit Lawn Tennis in Berührung kam.

Auf seinem Arbeitsweg mit der Eisenbahn von seinem Wohnort im Süden der Millionenmetropole zu seinem Büro in der Innenstadt (von der Meden betrieb dort einen Wollhandel) passierte er tagtäglich die damalige Anlage des All England Croquet and Lawn Tennis Clubs an der Worple Road. Aus dem Zugfenster heraus beobachtete er das Treiben auf den Plätzen.

Nach dem Konkurs seiner Firma kehrte von der Meden in seine Heimatstadt zurück. Dort erhielt er 1889 von der Vorstandschaft des Eisbahnvereins auf der Uhlenhorst die Aufgabe, die Wiesenfläche, die im Winter geflutet und zum Schlittschuhlaufen genutzt wurde, auch in den Sommermonaten zu bewirtschaften. Und was lag da näher als die Durchführung eines Rasentennisturniers? Der Vereinsvorsitzende Carl Laeisz, ein vermögender Reeder, lobte dafür einen Siegerpokal aus.

Die erste Auflage der Internationalen Tennismeisterschaften von Deutschland litt 1892 unter der Choleraepidemie, die in diesem Jahr die Hansestadt heimsuchte. Ausländische Spieler blieben aus Furcht vor einer Infektion dem Turnier fern, neben den Deutschen waren nur noch einige Österreicher am Start.

In Bad Homburg notieren Chronisten das erste internationale Turnier im Jahr 1894. Die Strippen in der Kurstadt zog Charles Adolph Voigt, ein gebürtiger Kalifornier, der fließend Englisch, Deutsch und Französisch sprach und im Hotel Metropole residierte. Beim Homburg Cup lockte Voigt die englischen Stars auf den Rasen und den europäischen Adel sowie schwerreiche Industrielle auf die Tribünen. Mit Ausbruch des Ersten Weltkriegs wurde das Turnier eingestellt.

Bereits gegen Ende des 19. Jahrhunderts wurden Rufe nach einem Verband laut, der die Tennisspieler im Lande bündeln solle. Nach langen Verhandlungen gründeten schließlich zwölf Vereinsvertreter, fünf davon im Hauptberuf Juristen, am 19. Mai 1902 im Berliner Palasthotel am Leipziger Platz den Deutschen Lawn Tennis Bund (DLTB).

Von der Meden wurde zum ersten Präsidenten gewählt. Der Hamburger übte das Amt bis zu seinem Tod im Alter von 69 Jahren anno 1911 aus – ihm zu Ehren werden die Mannschaftswettbewerbe der Vereine bei Damen, Herren und Jugendlichen noch heute Medenspiele genannt.

1.4 DAS PROFITUM HÄLT EINZUG

Einer der Gründerväter des professionellen Tennis war der US-Amerikaner Charles C. Pyle. Bereits 1926 stellte der findige Theaterbesitzer aus Illinois, der sich nebenher auch als Berater diverser Sportler verdingte, eine Profitour auf die Beine. Nachdem Pyle – Spitzname „Cash and Carry Pyle", in Anlehnung an die Initialen seiner Vornamen – einige der besten Tennisspieler der damaligen Zeit unter seine Fittiche genommen hatte, unter anderem die sechsmalige Wimbledongewinnerin Suzanne Lenglen (Frankreich) und den amtierenden Olympiasieger Vincent Richards (USA), reiste er mit diesen vier Monate lang für Showkämpfe durch die USA und Kanada.

Die Tour wurde zu einem großen Erfolg: 13 000 Zuschauer kamen zur Premiere in den Madison Square Garden in New York, die Ticketpreise betrugen 1,50 bis 5,50 US-Dollar. 39 weitere Stopps folgten. Das Problem bei der Sache: Sobald Spieler bei Pyle unter Vertrag standen, verloren sie ihren Amateurstatus und waren von den Majorturnieren in Australien, Paris, Wimbledon und New York ausgeschlossen.

Die Gage bei den Showkämpfen war jedoch verlockend, für die damalige Zeit geradezu gigantisch. Suzanne Lenglen erhielt für 40 Partien 100.000 US-Dollar – kein Sportler auf der Welt verdiente damals mehr.

Ein halbes Jahr nach seinem dritten Wimbledontitel 1930 wechselte auch der US-Amerikaner Bill Tilden auf die Profitour. Der Engländer Fred Perry folgte nach seinem Wimbledonhattrick 1934, 1935, 1936. Perry strich für seine 61 Duelle gegen den US-Amerikaner Ellsworth Vines, seines Zeichens Wimbledonchampion von 1932, mehr als 100.000 US-Dollar ein.

Die Spiele kreuz und quer über den amerikanischen Kontinent trugen den vielsagenden Titel Vines-Perry World Series, Vines gewann 32:29. 1939 schloss sich der US-Amerikaner Don Budge für ein Gehalt von 148.000 US-Dollar der Tour an, unmittelbar nachdem ihm als erstem Spieler überhaupt der Grand Slam gelungen war (Siege bei allen vier Majorturnieren innerhalb eines Kalenderjahres). Von den 39 Duellen gegen Vines gewann er 22, von den 36 gegen Perry 28 und von den 58 gegen Tilden sogar 51.

Neben den Showkampftourneen nahmen auch die ersten Profiturniere, genannt Championship Tournaments, ihren Betrieb auf. Als Erstes im September 1927 die US Pro Tennis Championships im Notlek Tennis Club in Manhattan/New York. Organisator war der bereits erwähnte Olympiasieger Richards, der dafür seinen Profikollegen Howard Kinsey und einige Tennislehrer von der Ostküste zusammentrommelte. Richards gewann sein eigenes Turnier und die 1.000 US-Dollar Siegprämie.

Schon vor den USA entstand in Europa eine Profiszene. Bereits bei der kleinen Gruppe britischer Stars, unter ihnen der viermalige Wimbledonsieger Reginald Doherty, die 1897 und 1898 einige Turniere an der Côte d'Azur spielten, machte der Begriff „Berufsspieler" die Runde. Diesen liest man auch in Zusammenhang mit den Briten, die im Spätherbst 1901 auf Einladung des portugiesischen Königs Don Carlos an der Algarve Kostproben ihres Könnens vorführten.

Als erstes wirkliches Profiturnier auf dem Kontinent gilt der im Dezember 1920 erstmals ausgetragene Bristol Cup im südfranzösischen Cannes. Der Monegasse Romeo Acquarone setzte sich im Finale gegen Joseph Negro aus Nizza durch.

1925 wurde in Deauville in der Normandie einmalig ein Turnier namens World Pro Tournament abgehalten, das der Tscheche Karel Koželuh für sich entscheiden konnte. Danach gewann Koželuh sechsmal in Folge den Bristol Cup und 1930 auch die Premiere des Championnat International de France Professionnel (French Pro Championships), das wenige Wochen nach den Internationalen Tennismeisterschaften von Frankreich auf der Anlage von Roland Garros in Paris ausgetragen wurde. An den ersten drei Auflagen dieses Turniers nahmen ausschließlich europäische Profis teil, darunter der Berliner Tennislehrer Roman Najuch.

1.5 DIE WILDEN JAHRE

Bereits im Vorfeld der Olympischen Spiele 1928 in Amsterdam hatte das IOC die Sportart Tennis aus dem Programm gestrichen, weil einige Spieler nachweislich für Geld angetreten waren – ein Verstoß gegen die IOC-Richtlinien. 60 Jahre lang sollte der Ausschluss anhalten. 1934 wurde mit den Wembley Championships in London ein weiteres Profiturnier ins Leben gerufen. Auf dem Holzboden der Wembley Arena landete US-Profi Ellsworth Vines bei der im Format jeder-gegen-jeden ausgetragenen Premierenveranstaltung mit 5:0-Siegen vor dem Nürnberger Hans Nüsslein (4:1) auf Platz eins.

Die US Pro Tennis Championships, die French Pro Championships und die Wembley Championships galten bis zum Beginn der Open Era im April 1968 als die Pro Slams, also die Majors oder die Grand-Slam-Turniere der Profis.

Nach dem Zweiten Weltkrieg nahm die weltweite Tennisszene geradezu groteske Züge an. Auf der einen Seite der Weltverband ILTF mit den prestigeträchtigen Majorturnieren in Australien, Paris, Wimbledon und New York. Stur hielt der Verband an der Amateurregelung fest und verweigerte die Ausschüttung von Preisgeldern. Auf der anderen Seite das Profilager, in das immer mehr bekannte Spieler wechselten.

Auch der US-Amerikaner Jack Kramer schloss sich wenige Wochen nach seinem Wimbledonsieg 1947 den Profis an. Nach dem Ende seiner aktiven Laufbahn 1954 stellte er selbst eine weltweite Showkampfserie auf die Beine, die über Jahre hinweg zum Synonym für das Profitennis werden sollte. Auch in Deutschland machte der sogenannte Kramer-Zirkus mehrfach Station und lockte tausende Zuschauer auf die Anlagen oder in die Hallen.

Vom mehrmaligen Majorsieger Ken Rosewall (Australien), der sich 1957 dem Kramer-Zirkus anschloss, ist das Zitat überliefert: „Ich brauchte Dollars und keine Pokale." 1962 folgte ihm sein Landsmann Rod Laver ins Profilager, wenige Wochen nachdem er als erst zweiter Spieler nach Don Budge den Grand Slam gewinnen konnte.

Viele Jahre später gab Kramer in einem Interview zu, dass es bei den Showkämpfen nicht immer ehrlich und nicht immer mit vollem Einsatz zugegangen sei.

Bei den Turnierveranstaltern indes machte sich immer mehr Unzufriedenheit breit über das Abwandern der Spitzenspieler und den entsprechenden Qualitätsverlust. Eine Kampfabstimmung über das Ende der Aussperrung der Profis scheiterte. Neben der Übernahme der Reisekosten, der Unterkunft und der Verpflegung während des Turniers durften die Amateure fortan immerhin an 210 Tagen im Jahr Aufwandsentschädigungen annehmen – eine Regelung, die von den Turnierveranstaltern großzügig interpretiert wurde, um die Stars bei Laune zu halten. Die Aufwandsentschädigungen glichen eher Gagen, von Scheinamateuren war nun die Rede.

Wie groß der Leistungsunterschied zwischen beiden Lagern war, zeigt das Beispiel Roy Emerson. Der Australier war mit zwölf Grand-Slam-Titeln zwischen 1961 und 1967 der herausragende Spieler bei den Amateuren. Als später auch Profis zu diesen Turnieren zugelassen waren, kam er – obwohl mit 31 Jahren auf dem Zenit seiner Schaffenskraft – nie mehr über das Viertelfinale hinaus.

In der zweiten Jahreshälfte 1967 überschlugen sich die Ereignisse. Herman David, einst Kapitän des britischen Davis-Cup-Teams und danach Präsident des All England Lawn Tennis and Croquet Clubs, dem Ausrichter des Wimbledonturniers, organisierte auf der Anlage an der Church Road ein weiteres Event für Profis, das zum vollen Erfolg wurde. Unter anderem nutzte es die BBC zur Einführung des Farbfernsehens auf der Insel.

In Übersee gründeten Sportpromoter David Dixon und der texanische Ölmilliardär Lamar Hunt die Profiturnierserie World Championship Tennis (WCT), für die sie Stars wie den amtierenden Wimbledonsieger John Newcombe (Australien) oder den späteren deutschen Davis-Cup-Teamchef Nikola Pilić (Jugoslawien) gewinnen konnten. Newcombe boten sie ein Grundgehalt von 55.000 US-Dollar, viermal so viel wie seine Aufwandsentschädigungen als Amateur – hinzu kamen weitere Handgelder.

George Russell MacCall, der ehemalige Kapitän des US-amerikanischen Davis-Cup-Teams, rief die National Tennis League (NTL) ins Leben, der sich unter anderem Rod Laver, Roy Emerson, Ken Rosewall, Arthur Ashe, Stan Smith und Starspielerin Billie Jean King anschlossen. Dem Weltverband und seinen Turnieren drohte über kurz oder lang der sportliche Bankrott.

1.6 DER BEGINN DER OPEN ERA

Im Dezember 1967 beschloss der britische Tennisverband mit überwältigender Mehrheit, für das Wimbledonturnier im kommenden Jahr Profis zuzulassen. Unterstützung bekamen die Briten aus den USA und Australien. Bei einer Krisensitzung im März 1968 in Paris entschied die ILTF, die vier Majors und neun weitere Turniere ab sofort für Profis zu öffnen: bei den Herren und auch bei den Damen.

Die Open Era, zu Deutsch offene Ära, hatte begonnen. Viele Turniere tragen seither die Bezeichnung Open in ihrem Namen: aus den US National Championships in New York etwa wurden die US Open oder aus den Internationalen Tennismeisterschaften von Deutschland am Hamburger Rothenbaum die German Open. Das erste Open-Turnier waren im April die British Hard Court Championships im englischen Seebad Bournemouth (unter Hard Court verstanden die Briten damals Sandplätze).

30 000 Zuschauer kamen an den sechs Turniertagen auf die Anlage, 14.000 US-Dollar betrug das Preisgeld. Ken Rosewall besiegte im Herrenfinale seinen Profikollegen Rod Laver in vier Sätzen und kassierte dafür 2.400 US-Dollar Prämie. Die Engländerin Virginia Wade gewann das Damenfinale glatt gegen die Schottin Winnie Shaw und erhielt 720 US-Dollar.

Einen Monat später strömten 120 000 Zuschauer auf die Anlage von Roland Garros, um das erste Majorturnier mit Profibeteiligung mitzuerleben – viermal so viele wie im Jahr zuvor. Ken Rosewall besiegte im Finale erneut Rod Laver in vier Sätzen, bei den Damen holte die US-Amerikanerin Nancy Richey den Titel gegen die Engländerin Ann Haydon-Jones. Die Siegprämien betrugen 3.000 bzw. 1.000 US-Dollar.

Die ersten Jahre der Open Era wurden auf dem Platz dominiert von den Australiern Rod Laver und Margaret Court. 1969 gelang Laver mit den Turniersiegen in Australien, Paris, Wimbledon und New York sein zweiter Grand Slam nach 1962 – der erste und damit noch wertvollere bei den Profis. Seiner Landsfrau Margaret Court gelang der Grand Slam ein Jahr später.

Außerhalb des Platzes war die Zeit bei den Herren geprägt von den Machtkämpfen zwischen den Funktionären des Weltverbandes ILTF und den US-amerikanischen Organisatoren von WCT und NTL. Den Profis, die dort unter Vertrag standen, wie Rod Laver, Roy Emerson, Ken Rosewall oder John Newcombe, untersagte die ILTF die Teilnahme am Davis Cup.

Im Sommer 1970 folgte der Weltverband einem Vorschlag von US-Promoter Jack Kramer und gründete unter dem Label Grand Prix seine eigene, 21 Turniere umfassende Profitour, an deren Ende im Dezember das Mastersturnier der sechs erfolgreichsten Spieler stand – als Konkurrenz zu den 17 Events der WCT, die inzwischen die NTL aufgekauft hatte. Die Stars der Szene schlugen bei beiden Turnierserien auf, bei der WCT gab es generell etwas mehr zu verdienen. Anfang 1971 gehörten auch die Australian Open zur WCT.

Im Juli 1971 eskalierte der Machtkampf. Die ILTF beschloss, ab dem folgenden Jahr alle WCT-Profis von den Majorturnieren auszuschließen. Prominentestes Opfer dieser Entscheidung war der Australier John Newcombe, der seinen Titel in Wimbledon nicht verteidigen durfte. So kann es nicht weitergehen, dachten sich die Profis, die immer mehr zwischen die Fronten geraten waren. Während der ersten Woche der US Open trafen sie sich in einem Treppenhaus des Forest Hills West Side Tennis Clubs und hoben die Spielervereinigung Association of Tennis Professionals (ATP) aus der Taufe. Der südafrikanische Profi Cliff Drysdale wurde zum ersten Präsidenten gewählt, Jack Kramer zum Executive Director.

Für 1973 einigten sich ILTF und WCT auf eine Aufteilung der Saison: Die ersten 22 Turniere von Januar bis Anfang Mai, unter anderem die Hallenevents in Köln und München, liefen unter dem Dach der WCT, die folgenden 70 Turniere bis Jahresende gehörten zum Grand-Prix-Circuit der ILTF, darunter neben den vier Majors auch die Berlin Open und die German Open in Hamburg.

Von 1978 bis einschließlich 1981 integrierte die WCT ihre Turniere in den Grand-Prix-Kalender, ehe sie sich 1982 wieder verselbstständigte. 23 Turniere mit satten Preisgeldern wurden über das ganze Kalenderjahr verteilt, darunter das Hallenevent im März in München und ein weiteres im Dezember in der Dortmunder Westfalenhalle. Als Zugpferd für seine Serie gewann WCT-Boss Lamar Hunt den aufstrebenden Tschechoslowaken Ivan Lendl, damals 21 Jahre jung, der alle zehn Turniere gewann, an denen er teilnahm.

Das WCT-Comeback dauerte aber nur drei Jahre. Schon 1983 schrumpfte der Kalender auf acht, 1984 auf nur noch fünf Turniere. Anschließend waren die WCT-Turniere erneut Bestandteil des Grand Prix. 1990 löste sich die Organisation auf.

1.7 DAS GOLDENE ZEITALTER

Die Spielervereinigung ATP gewann indes immer weiter an Macht. Im August 1973 führte sie die fortan wöchentlich erscheinende Computerweltrangliste ein, nach der die Leistungen der Profis in den jeweils vorangegangenen 52 Kalenderwochen bewertet wurden (die Doppelweltrangliste folgte erst im März 1976). Die Betonung auf Computer lässt heute schmunzeln.

Zuvor wurden die Spieler nur einmal jährlich in diversen Ranglisten von nationalen Verbänden und Medien eingestuft. Als Grundlage dafür dienten ihre Titelgewinne und die persönlichen Bewertungen der Journalisten. Der meiste Wert wurde den Top Ten in den englischen Tageszeitungen *Daily Mail* und *The Daily Telegraph* beigemessen. Auch das *World Tennis Magazine* in den USA und die *Herald Sun* in Australien stellten Klassements auf. Die erste Nummer eins der ATP-Computerweltrangliste wurde der Rumäne Ilie Năstase, der in diesem Jahr in Roland Garros gewonnen hatte.

Ab 1974 bildeten ATP- und ILTF-Vertreter gemeinsam das Men's International Professional Tennis Council (MIPTC), das sich fortan um die Organisation des Grand-Prix-Circuits kümmerte. Zwei Jahre später kamen die Turnierveranstalter hinzu. Die immer größer werdende Unzufriedenheit der Profis über die Vermarktung der Turniere und die Verteilung der Erlöse, insbesondere der vier Majors, führte zum Bruch innerhalb des MIPTC.

Ab 1990 stellte die Spielervereinigung in Kooperation mit den Turnierveranstaltern eine eigene Serie auf die Beine: Die ATP Tour, wie man sie heute kennt, löste den Grand-Prix-Circuit ab. Die Profis freuten sich über einen Anstieg der Preisgelder um 50 Prozent und eine mehrwöchige Pause am Jahresende.

Eine kritische Phase musste die ATP kurz nach der Jahrtausendwende überstehen. 1999 hatte sie die Vermarktungsrechte an den Super-9-Turnieren in Indian Wells, Miami, Monte Carlo, Hamburg, Rom, Toronto bzw. Montreal (im jährlichen Wechsel), Cincinnati, Stuttgart und Paris-Bercy sowie den ATP Tour World Championships am Saisonende für 1,2 Milliarden US-Dollar bis 2009 an die Schweizer Sportvermarktungsagentur ISL verkauft. Jedem Turnier wären dadurch über zehn Jahre hinweg in etwa zwölf Millionen US-Dollar per annum garantiert gewesen. Scheinbar ein gigantischer Deal.

Doch die ISL verhob sich mit diesem und anderen Geschäften und musste im Mai 2001 Konkurs anmelden, zahlreiche Turnierveranstalter standen vor einer ungewissen Zukunft. Als Konsequenz wurde die sich rasant nach oben drehende Preisgeldspirale gestoppt, mancherorts sogar zurückgeschraubt.

Bei den German Open in Hamburg etwa sank das Preisgeld von 2,95 Millionen US-Dollar in den Jahren 2000 und 2001 auf 2,58 Millionen im Jahr 2002 und 2,45 Millionen in den Folgejahren. Dem wirtschaftlich ohnehin kränkelnden Turnier in der Stuttgarter Hanns-Martin-Schleyer-Halle versetzte der ISL-Konkurs den endgültigen K.o., die Lizenz wurde nach Madrid verkauft.

Erst seit der Reform des ATP-Kalenders 2009, als die Turniere gemäß ihrer Wertigkeit und der für den Sieger vergebenen Weltranglistenpunkte in die Kategorien ATP Masters 1000, ATP 500 und ATP 250 eingestuft wurden, ist wieder ein Anstieg der Preisgelder festzustellen. Die Reform ging einher mit einem Rückschlag für die deutsche Turnierlandschaft. Die German Open in Hamburg verloren ihren Status in der höchsten Kategorie und ihren Termin im Mai an Madrid.

Die Spanier machten im Gegenzug ihren bisherigen Termin im Herbst frei für das neue ATP-Turnier in Shanghai und kauften noch dazu die WTA-Lizenz der German Open der Damen in Berlin. Die Madrid Open finden seither als kombiniertes ATP- und WTA-Turnier im Mai statt.

2012 sorgten die Spanier für Aufsehen, als sie die Sandplätze blau färbten. Dadurch sollte der gelbe Ball besser sichtbar werden, vor allem für die Zuschauer am TV – es blieb bei einer einmaligen Angelegenheit, nachdem sich die Spieler über die Rutschgefahr auf den Plätzen beschwerten.

Apropos Beläge: Schon mit Beginn des neuen Jahrtausends wurden bei den Hallenturnieren die Teppichböden peu à peu abgeschafft und durch Hartplätze ersetzt, ab 2009 untersagte die ATP den Untergrund wegen zu großer Verletzungsgefahr. Das letzte Teppichturnier auf der ATP-Tour fand im Oktober 2008 in Lyon statt, bei den Damen auf der WTA-Tour knapp zehn Jahre später im September 2018 in Quebec City.

1.8 DIE UNABHÄNGIGKEIT DER DAMEN

54.000 Französische Franc Siegprämie für den Roland-Garros-Gewinner von 1970, Jan Kodeš, nur 16.000 Französische Franc für die Roland-Garros-Gewinnerin von 1970, Margaret Court – bei den Spitzenspielerinnen machte sich Ende der 1960er- und Anfang der 1970er-Jahre immer mehr Unzufriedenheit breit über die ihrer Meinung nach ungerechte Verteilung der Preisgelder. Sie fanden Gehör bei Gladys Heldman, der Herausgeberin des Fachmagazins *World Tennis*.

Im September 1970 probten US-Star Billie Jean King als Wortführerin und acht weitere Spielerinnen den Aufstand. Statt beim Grand-Prix-Turnier in Los Angeles schlugen sie beim Virginia Slims Invitational in Houston auf, einem von Heldman kurzfristig organisierten und vom Tabakkonzern Philip Morris mit seiner Zigarettenmarke Virginia Slims gesponserten Einladungsturnier. Die Verantwortlichen des Weltverbandes und des US-Verbandes USLTA schäumten vor Wut und drohten den „Original Nine", wie King und ihre Kolleginnen genannt wurden, mit Aussperrung vom Spielbetrieb.

Sie konnten die Entwicklung damit aber nicht aufhalten. Im Folgejahr fanden bereits 19 Virginia-Slims-Turniere statt, die mit einem Preisgeld von insgesamt 309.100 US-Dollar für die Spielerinnen deutlich lukrativer waren als die 17 Turniere im Grand-Prix-Circuit des Weltverbandes ILTF. Analog zur Spielervereinigung ATP der Herren rief Billie Jean King im Juni 1973 die Women's Tennis Association (WTA) ins Leben.

Das Ambiente hatte einen würdigeren Rahmen als bei den Herren das Treppenhaus der Clubanlage in New York: Mehr als 60 Spielerinnen wohnten in der Woche vor dem Wimbledonturnier der Gründungsversammlung im Gloucester Hotel in London bei. Zwei Monate später zahlten die US Open als erstes Grand-Slam-Turnier den Damen das gleiche Preisgeld wie den Herren, die Siegerin erhielt ebenso 25.000 US-Dollar wie der Sieger.

Von 1971 bis 1974 präsentierte sich der internationale Spielkalender als Flickenteppich aus den Virginia-Slims-Turnieren der WTA, den Grand-Prix-Turnieren der ILTF, darunter den German Open am Hamburger Rothenbaum, und zahlreichen unabhängigen Events. Ab 1975 rauften sich WTA, ILTF und führende Turnierorganisatoren zusammen und bildeten das Women's International Professional Tennis Council (WIPTC). Die WTA-Turniere fanden nun von Januar bis März in den USA statt, der Rest des Jahres gehörte den Grand-Prix- und unabhängigen Turnieren.

Im gleichen Jahr führte die WTA die offizielle Damenweltrangliste ein. Analog zu den Herren wurden fortan die Leistungen in den vorangegangenen 52 Kalenderwochen bewertet. Die US-Amerikanerin Chris Evert wurde zur ersten Nummer eins.

Die Turnierserien von WTA und ILTF (ab 1977 ITF) trugen im Laufe der Jahre verschiedene Sponsorennamen und richteten von 1977 bis 1982 ihre eigenen Saisonabschlussturniere im März bzw. am Jahresende aus. 1983 verschmolzen sie zu einer gemeinsamen Tour mit 64 Events, das Namenspatronat übernahm wieder Virginia Slims. Nach Auslaufen des Sponsoringvertrags wurde aus der Virginia Slims World Championship Series 1990 die World Tour. Seit 1995 organisieren die WTA und die Turnierveranstalter die WTA Tour, wie man sie heute kennt. Bei den vier Grand-Slam-Turnieren kassieren die Damen längst Preisgelder in gleicher Höhe wie die Herren.

★ 2 ★

DIE ORGANISATION

Rund 87 Millionen Menschen greifen nach Angaben des Weltverbandes ITF regelmäßig zum Schläger und zur Filzkugel. Tennis ist damit eine der meistverbreiteten Sportarten weltweit. Der globale Spielbetrieb ist in mehrere Ebenen gegliedert.

Höchstes Organ ist der Weltverband ITF, dem 211 nationale Verbände angehören, darunter der Deutsche Tennis Bund (DTB). Wichtigste Organisationen im Profitennis sind die Spielervereinigungen ATP bei den Herren und WTA bei den Damen. ITF, ATP und WTA regeln den weltweiten Turnierkalender.

2.1 ITF – INTERNATIONAL TENNIS FEDERATION

Der Weltverband wurde 1913 in Paris von 15 nationalen Verbänden, darunter dem deutschen, unter den Namen Fédération Internationale de Lawn Tennis (FILT) und englisch International Lawn Tennis Federation

(ILTF) gegründet. Zehn Jahre später, nach dem Beitritt des amerikanischen Verbandes United States National Lawn Tennis Association, vereinheitlichte die ILTF den internationalen Spielkalender: Die vier großen Turniere in Australien (Australasian Championships), Paris (Championnats Internationaux de France de Tennis), London-Wimbledon (The Championships) und New York (US National Championships) wurden zu Majors ernannt.

Zudem veröffentlichte die ILTF offizielle Tennisregeln. Mit Beginn der Open Era 1968 nahmen die Turniere in Australien und den USA die Bezeichnung Open in ihren Titel auf. Erst 1977 strich der Verband das L für Lawn (aus dem Englischen: Rasen) aus seinem Namen.

Heute besteht die ITF aus 211 nationalen Verbänden und hat ihren Hauptsitz im Londoner Stadtteil Roehampton. Präsident ist seit 2015 der US-Amerikaner David Haggerty.

Unter dem Dach der ITF finden folgende Turniere und Wettbewerbe statt:

★ die vier Grand-Slam-Turniere in Melbourne, Paris, London-Wimbledon und New York

★ die Mannschaftswettbewerbe Davis Cup, Billie Jean King Cup und Hopman Cup

★ die Tennisturniere bei den Olympischen Spielen und den Paralympischen Spielen

★ die untergeordneten Profiserien ITF Men's World Tennis Tour und ITF Women's World Tennis Tour mit über 1000 Turnieren in mehr als 100 Ländern

★ die Nachwuchsserie ITF World Tennis Tour Juniors, im Volksmund ITF Junior Circuit, für Spieler bis maximal 18 Jahre mit über 650 Turnieren in mehr als 100 Ländern

★ die Seniorenserie ITF Seniors Tour für Spieler in den Altersklassen Jungsenioren (35 bis 49 Jahre), Senioren (50 bis 64 Jahren) und Supersenioren (über 65 Jahre) mit über 450 Turnieren in mehr als 70 Ländern

- ★ die ITF Wheelchair Tennis Tour für Rollstuhlfahrer mit über 150 Turnieren in mehr als 40 Ländern
- ★ die ITF Beach Tennis Tour mit mehr als 300 Turnieren in knapp 40 Ländern.

2.2 ATP – ASSOCIATION OF TENNIS PROFESSIONALS

Die ATP ist die Vereinigung der männlichen Profispieler. Gemeinsam mit den Organisatoren vor Ort veranstaltet sie jährlich 60 bis 70 Turniere auf der ATP Tour, dazu die ATP Finals und die Next Gen ATP Finals am Jahresende, die untergeordnete Turnierserie ATP Challenger Tour, die Seniorenserie ATP Champions Tour und seit 2020 den Mannschafts-Wettbewerb ATP Cup. Zudem pflegt die ATP die seit 1973 wöchentlich erscheinende Weltrangliste und die seit 2000 existierende Racewertung, die über die Qualifikation für das Saisonabschlussturnier entscheidet.

Der Hauptsitz der ATP befindet sich im Londoner Stadtteil Kensington. Weitere Büros betreibt sie im südenglischen Elmbridge (ATP Media), in Monaco (ATP Europe), in Ponte Vedra Beach/Florida (ATP Amerika) und in Sydney (ATP International Group).

Die ATP wurde im September 1971 in New York als Interessensvertretung der Berufsspieler gegründet. Der südafrikanische Profi Cliff Drysdale übernahm den Vorsitz, der ehemalige Weltklassespieler Jack Kramer (USA) wurde Executive Director. Bereits kurze Zeit später ließ die ATP die Muskeln spielen, als sie die Spieler zum Boykott des Wimbledonturniers 1973 aufrief.

Hintergrund: Der Weltverband ILTF hatte einem Antrag – man kann auch sagen Erpressungsversuch – des jugoslawischen Verbandes zugestimmt, den Spieler Nikola Pilić von den Grand-Prix-Turnieren auszuschließen, weil dieser nicht im Davis-Cup-Duell seines Heimatlandes gegen Neuseeland antreten wollte. Über 80 Spieler kamen dem Boykottaufruf nach.

Im August des gleichen Jahres führte die ATP die offizielle, fortan wöchentlich erscheinende Weltrangliste ein, nach der die Leistungen der Profis in den jeweils 52 vorangegangenen Kalenderwochen bewertet werden. Ab 1974 bildeten Vertreter von ATP und ILTF das Men's International Professional Tennis Council (MIPTC), das den Grand-Prix-Circuit veranstaltete. Zwei Jahre später kamen die Turnierorganisatoren hinzu.

Die immer größer werdende Unzufriedenheit der Profis über die Vermarktung der Turniere und die Verteilung der Erlöse, insbesondere bei den vier Majors, führte 1988 zum Bruch innerhalb des MIPTC. Bei einer improvisierten Pressekonferenz auf einem Parkplatz während der US Open verkündete ATP-Geschäftsführer Hamilton Jordan, dass die Spielervereinigung ab 1990 in Kooperation mit den Turnierveranstaltern eine eigene Serie auf die Beine stellen werde: Die ATP Tour, wie man sie heute kennt, war geboren.

Die Profis freuten sich über einen Anstieg der Preisgelder um 50 Prozent und eine mehrwöchige Pause am Jahresende. Von 2009 bis 2018 trug die Turnierserie den Namen ATP World Tour, ehe sie wieder zur ursprünglichen Bezeichnung zurückkehrte. Die Organisationsstruktur besteht aus einem siebenköpfigen Board of Directors, dem neben dem Chairman drei Turnier- und drei Spielervertreter angehören, dem elfköpfigen Player Council und dem 13-köpfigen Tournament Council. Chairman ist seit Januar 2020 der italienische Ex-Profi Andrea Gaudenzi.

2.3 WTA – WOMEN'S TENNIS ASSOCIATION

Die WTA ist das weibliche Pendant zur ATP. Die Vereinigung der weiblichen Profispielerinnen wurde knapp zwei Jahre nach der ATP im Juni 1973 gegründet, US-Starspielerin Billie Jean King wurde als treibende Kraft der Damentennisbewegung zur ersten Präsidentin gewählt.

Bereits zwei Monate später zahlten die US Open als erstes Grand-Slam-Turnier den Damen das gleiche Preisgeld wie den Herren. Ab 1975 bildeten Vertreter der WTA und des Weltverbandes ILTF mit führenden Turnierorganisatoren das Women's International Professional Tennis Council (WIPTC), das sich fortan um den Spielkalender kümmerte.

Die WTA-Turniere fanden nun von Januar bis März in den USA statt, der Rest des Jahres gehörte den Grand-Prix- und unabhängigen Turnieren. Im gleichen Jahr führte die WTA die offizielle Damenweltrangliste ein, analog zu den Herren wurden fortan die Leistungen in den vorangegangenen 52 Kalenderwochen bewertet. 1983 verschmolzen die WTA- und die Grand-Prix-Turniere zu einer gemeinsamen Tour.

Seit 1995 richten die Spielerinnenvereinigung und die Turnierveranstalter die WTA Tour mit jährlich rund 60 Turnieren aus, hinzu kommen die WTA Finals und die WTA Elite Trophy am Jahresende sowie die untergeordnete WTA 125 K Series. Neben der Damenweltrangliste pflegt die WTA das seit 2017 existierende Porsche Race to Singapur bzw. Shenzhen, das über die Qualifikation zu den WTA Finals entscheidet.

WTA-Präsidentin ist seit 2014 die US-amerikanische Sportmanagerin Micky Lawler, ihr Landsmann Steve Simon übernahm ein Jahr später die Geschäftsführung. Der Hauptsitz der WTA befindet sich in St. Petersburg/Florida, sie unterhält zudem Büros in London, Peking und Hongkong.

2.4 KONTINENTALVERBÄNDE/ TENNIS EUROPE

Die Kontinentalverbände im Tennis nehmen im Profibereich im Vergleich zu anderen Sportarten, etwa der UEFA im Fußball, eine Nebenrolle ein. Es existieren sechs Kontinentalverbände:

- Asian Tennis Federation mit Sitz in New Delhi/Indien
- Confederacion de Tenis de Centroamerica Caribe mit Sitz in Santo Domingo/Dominikanische Republik
- Confederacion Sudamericana de Tenis mit Sitz in Asunción/Paraguay
- Confederation of African Tennis mit Sitz in Tunis/Tunesien
- Oceania Tennis Federation mit Sitz in Auckland/Neuseeland
- Tennis Europe mit Sitz in Basel/Schweiz.

Besonderheit: Die nationalen Verbände der USA (United States Tennis Association/USTA) und Kanada (Tennis Canada) gehören keinem der sechs Kontinentalverbände an.

Tennis Europe wurde am 31. Mai 1975 in Rom von 17 nationalen Verbänden unter dem Namen European Tennis Association gegründet und kümmert sich in erster Linie um die Nachwuchsförderung, den Breitensport und die Entwicklungshilfe.

Tennis Europe organisiert jährlich rund 1200 Veranstaltungen: von Turnieren und Meisterschaften in den Altersklassen U15 bis Ü70, den Turnieren der ITF Men's World Tennis Tour und der ITF Women's World Tennis Tour auf europäischem Boden bis hin zu den Europameisterschaften im Beachtennis. Die europäische Dachorganisation (2002 erfolgte die Namensänderung) umfasst mittlerweile 50 nationale Mitgliedsverbände wie unter anderem den Deutschen Tennis Bund (DTB).

2.5 DTB – DEUTSCHER TENNIS BUND

Der Deutsche Tennis Bund wurde am 19. Mai 1902 im Berliner Palasthotel am Leipziger Platz als Deutscher Lawn Tennis Bund (DLTB) ins Leben gerufen. Nach dem Zweiten Weltkrieg wurde er 1949 unter seinem heutigen Namen Deutscher Tennis Bund (DTB) neu gegründet. Die Mitgliederzahlen entwickelten sich im Laufe der Jahrzehnte von 74.113 (1949), 179.947 (1959), 330.624 (1969), 1,14 Millionen (1979) bis hin zu 2,03 Millionen (1989) kontinuierlich nach oben. Der Rekord war 1994 mit 2,3 Millionen Mitgliedern erreicht. Seither nivelliert sich das Interesse.

Gegenwärtig ist der DTB mit 1,37 Millionen Mitgliedern, darunter 355.664 Jugendlichen bis 18 Jahre, noch immer der größte nationale Tennisverband der Welt und national hinter dem Deutschen Fußball-Bund und dem Deutschen Turner-Bund der drittgrößte deutsche Sportdachverband – weit vor den Organisationen der Leichtathleten (0,79 Millionen Mitglieder), der Handballer (0,75 Mio.), der Golfer (0,64 Mio.) oder der Schwimmer (0,57 Mio.).

In 8946 Vereinen oder Abteilungen wird die Sportart ausgeübt, nur für Fußballer, Turner und Schützen gibt es ein noch größeres Angebot. Insgesamt sind beim DTB knapp 46 000 Tennisplätze registriert, davon rund 40 600 im Freien und 5400 in Hallen. Diese Angabe ist jedoch mit Vorsicht zu genießen, da Traglufthallen teilweise als Frei- und zusätzlich als Hallenplätze erfasst werden (alle Zahlen Stand 2019). Hinzu kommen unzählige, nicht organisierte Tennisspieler sowie Plätze in kommerziellen Sportanlagen.

Der Verband wird von einem ehrenamtlichen Präsidium geführt. Um die Organisation kümmern sich in der Geschäftsstelle am Hamburger Rothenbaum über 20 Angestellte, angeführt von Erik Krzemien (Verwaltungsdirektor) und Ex-Profi Klaus Eberhard (Sportdirektor). Das Präsidium besteht aus dem Präsidenten und sechs Vizepräsidenten, die jeweils einem der folgenden Ressorts vorstehen:

- Ressort II (Haushalt und Finanzen)
- Ressort III (Spitzensport, Ausbildung und Training)
- Ressort IV (Jugendsport)
- Ressort V (Wettkampfsport)
- Ressort VI (Sportentwicklung)
- Ressort VII (Recht und Vermarktung).

Ressort I (Medien- und Öffentlichkeitsarbeit) gehört nicht zum Präsidium.

Präsidenten des DTB seit dessen Gründung waren Carl August von der Meden aus Hamburg (1902 bis 1911), Emil Bartels aus Braunschweig (1911 bis 1925), Gerhard Weber aus Hamburg (1925 bis 1934), Wilhelm Schomburgk aus Leipzig (1934 bis 1937), Erich Schönborn aus Wesel (1937 bis 1945), Richard Stephanus aus Hannover (1949 bis 1951), Max Stahl aus Stuttgart (1951 bis 1952), Jost Henkel aus Düsseldorf (1952 bis 1958), Franz Helmis aus Nürnberg (1958 bis 1967), Fritz Kütemeyer aus Hannover (1967 bis 1973), Eduard H. Dörrenberg aus Düsseldorf (1973 bis 1975), Walther Rosenthal aus Berlin (1975 bis 1985), Claus Stauder aus Essen (1985 bis 1999), Karl Weber aus Köln (1999), Georg Freiherr von Waldenfels aus Hof/Saale (1999 bis 2011), Karl-Georg Altenburg aus Mühlheim/Ruhr (2011 bis 2014) und Ulrich Klaus aus Koblenz (2014 bis 2021). Seit Anfang 2021 steht Dietloff von Arnim aus Düsseldorf an der Spitze.

Das Präsidium wird alle drei Jahre auf der Mitgliederversammlung von den 17 Landesverbänden gewählt. Die Landesverbände sind aus historischen Gründen nicht strikt nach Bundesländern geordnet. So hat das bevölkerungsreichste Bundesland Nordrhein-Westfalen gleich drei Landesverbände, Baden-Württemberg hat deren zwei, Brandenburg und Berlin sind zu einem Landesverband zusammengefasst. 2018 fusionierten der Niedersächsische Tennisverband und der Tennisverband Nordwest zum Tennisverband Niedersachsen-Bremen e.V.

Größter Landesverband ist der Bayerische Tennis-Verband e.V. mit 298.251 Mitgliedern (davon 79.048 Jugendlichen), 2015 Vereinen oder Abteilungen und 9096 Plätzen. Kleinster Landesverband ist der Tennisverband Mecklenburg-Vorpommern e.V. mit 4148 Mitgliedern (davon 1374 Jugendliche), 40 Vereinen oder Abteilungen und 222 Plätzen (alle Zahlen Stand 2019).

Die 17 Landesverbände sind wiederum in einzelne Bezirke unterteilt. Pro Vereinsmitglied führen die Landesverbände einen jährlichen Beitrag an den DTB ab, zuletzt war dies 1,60 Euro pro Erwachsenen und 85 Cent pro Jugendlichen.

Die 17 Landesverbände:

- ★ Badischer Tennisverband e.V.
- ★ Bayerischer Tennis-Verband e.V.
- ★ Tennis-Verband Berlin-Brandenburg e.V.
- ★ Hamburger Tennis-Verband e.V.
- ★ Hessischer Tennis-Verband e.V.
- ★ Tennisverband Mecklenburg-Vorpommern e.V.
- ★ Tennisverband Mittelrhein e.V.
- ★ Tennis-Verband Niederrhein e.V.
- ★ Tennisverband Niedersachsen-Bremen e.V.
- ★ Tennisverband Rheinland-Pfalz e.V.
- ★ Saarländischer Tennisbund e.V.
- ★ Sächsischer Tennis Verband e.V.
- ★ Tennisverband Sachsen-Anhalt e.V.
- ★ Tennisverband Schleswig-Holstein e.V.

- Thüringer Tennis-Verband e.V.
- Westfälischer Tennis-Verband e.V.
- Württembergischer Tennis-Bund e.V.

Erstmals 1921 richtete der damalige DLTB die nach seinem zehn Jahre zuvor verstorbenen Gründungspräsidenten Carl August von der Meden benannten **Medenspiele** aus, die noch heute unter dem gleichen Namen firmierenden Mannschaftswettbewerbe der Vereine bei Damen, Herren und Jugendlichen. Erster Gewinner bei den Herren wurde der TC 1899 Blau-Weiss Berlin, der im Endspiel in Wiesbaden den Leipziger Sport Club mit 5:4 Siegen bezwang.

Heute ist der Spielbetrieb nach dem Tannenbaumsystem in verschiedene Ebenen unterteilt:

Die **Bundesebene** wird vom DTB organisiert und umfasst acht Ligen:

- Bundesliga Herren (10 Mannschaften)
- Bundesliga Damen (7 Mannschaften)
- Zweite Bundesliga Herren Nord (9 Mannschaften)
- Zweite Bundesliga Herren Süd (9 Mannschaften)
- Zweite Bundesliga Damen Nord (7 Mannschaften)
- Zweite Bundesliga Damen Süd (5 Mannschaften)
- Bundesliga Herren 30 Nord (7 Mannschaften)
- Bundesliga Herren 30 Süd (7 Mannschaften).

Die **Regionalebene** ist eine Kooperationsebene der jeweils beteiligten Landesverbände und umfasst bei Damen und Herren in verschiedenen Altersklassen (bis Damen 65 und bis Herren 80) vier Regionen:

- die Regionalligen West mit Teilnehmern aus Mittelrhein, Niederrhein, Westfalen
- die Regionalligen Südost mit Teilnehmern aus Bayern, Sachsen, Thüringen
- die Regionalligen Südwest mit Teilnehmern aus Hessen, Rheinland-Pfalz, Saarland, Baden, Württemberg. In dieser Region, die fünf Landesverbände umfasst, gibt es in vielen Altersklassen als Regionalligaunterbau zusätzlich die Südwestligen Nord und Südwestligen Süd
- die Regionalligen Nordost mit Teilnehmern aus Berlin-Brandenburg, Mecklenburg-Vorpommern, Hamburg, Schleswig-Holstein, Niedersachsen-Bremen, Sachsen-Anhalt. In dieser Region, die sechs Landesverbände umfasst, gibt es zusätzlich als Regionalligaunterbau noch Nordligen und Ostligen.

Bei der **Landesverbands- und Bezirksebene** variieren die Struktur, die Ligenbezeichnungen, die Anzahl der Altersklassen und die Anzahl der beteiligten Mannschaften von Landesverband zu Landesverband und von Bezirk zu Bezirk. Der Bayerische Tennis-Verband beispielsweise verwaltet die Bayernligen und die Landesligen, darunter folgt die Bezirksebene. Der Westfälische Tennis-Verband verwaltet die Westfalenligen und Verbandsligen, darunter folgt die Bezirksebene. Dort lauten die üblichen Bezeichnungen Bezirksoberliga, Bezirksliga, Bezirksklasse, Kreisliga und/oder Kreisklasse. Auf Landesverbands- und Bezirksebene sind auch die Jugendligen von U8 bis zu U18 angesiedelt. Alle Ebenen und Ligen sind durch Auf- und Abstieg miteinander verzahnt.

Die Medenspiele finden im Sommer von Mai bis Juli auf Sandplätzen im Freien statt (Sommerrunde). Eine Liga besteht in der Regel aus sechs bis acht Mannschaften, die einmal gegeneinander antreten. Es werden vier oder sechs Einzel gespielt, in denen der erstgesetzte Spieler der einen Mannschaft gegen den erstgesetzten Spieler der anderen Mannschaft antritt, der Zweitgesetzte gegen den Zweitgesetzten, der Drittgesetzte gegen den Drittgesetzten usw.

Die zwei oder drei Doppel dürfen frei zusammengestellt werden, hier sind auch weitere Spieler einsatzberechtigt, die in den Einzeln nicht zum Einsatz kamen. Entscheidendes Kriterium für die Setzliste sind die jeweils gültigen DTB-Ranglisten und/oder Leistungsklassen *(mehr dazu in Kap. 6)*.

Am Ende der Sommersaison veranstaltet der DTB die deutschen Vereinsmeisterschaften in den Altersklassen Damen 30, 40, 50 und 60 sowie Herren 40, 50, 55, 60, 65, 70 und 75. An verschiedenen Standorten treffen die jeweils besten Teams der Regionen West, Südwest, Südost und Nordost in Turnierform aufeinander und ermitteln die deutschen Vereinsmeister ihrer Altersklassen. In vielen Verbänden und Bezirken werden auch sogenannte Winterrunden unter dem Hallendach organisiert, die allerdings einen geringeren Stellenwert besitzen.

Als **Große Spiele** werden die Mannschaftsmeisterschaften der 17 Landesverbände bezeichnet. In sieben Altersklassen treten die Auswahlmannschaften der Landesverbände gegeneinander an und ermitteln den Deutschen Meister der Verbände. Gespielt wird je nach Altersklasse in unterschiedlichen Formaten. In den einzelnen Altersklassen sind die Großen Spiele nach früheren DTB-Präsidenten oder sonstigen Persönlichkeiten des Tennissports benannt:

★ Große Henner-Henkel-Spiele: für Junioren bis 15 Jahre; erstmalig 1950 ausgetragen; gespielt werden zwei Einzel und ein Doppel

★ Große Cilly-Aussem-Spiele: für Juniorinnen bis 15 Jahre; erstmalig 1965 ausgetragen; gespielt werden zwei Einzel und ein Doppel

★ Große Meden- und Poensgenspiele: für Aktive (Damen und Herren); entstanden 2006 durch den Zusammenschluss der seit 1948 ausgetragenen Großen Medenspiele der Herren und der Poensgenspiele der Damen, die nach Ernst Poensgen, dem Gründer des Rochusclubs in Düsseldorf, benannt wurden, gespielt werden zwei Dameneinzel, zwei Herreneinzel und ein Mixed

- ★ Große Franz-Helmis-Spiele: für Damen 30 und Herren 30; der Wettbewerb trägt seit 1988 diesen Namen; gespielt werden zwei Dameneinzel, zwei Herreneinzel und ein Mixed
- ★ Große Walther-Rosenthal-Spiele: für Damen 40 und Herren 40; der Wettbewerb trägt seit 1988 diesen Namen; gespielt werden drei Dameneinzel, drei Herreneinzel, ein Damendoppel, ein Herrendoppel und ein Mixed
- ★ Große Schomburgk-Spiele: für Damen 50 und Herren 50; der Wettbewerb trägt seit 1988 diesen Namen; gespielt werden drei Dameneinzel, drei Herreneinzel, ein Damendoppel, ein Herrendoppel und ein Mixed
- ★ Große Fritz-Kuhlmann-Spiele: für Damen 60 und Herren 60; der Wettbewerb trägt seit 1988 diesen Namen; gespielt werden drei Dameneinzel, drei Herreneinzel, ein Damendoppel, ein Herrendoppel und ein Mixed
- ★ Große Werner-Mertins-Spiele: für Damen 70 und Herren 70; erstmalig 2011 ausgetragen; gespielt werden zwei Dameneinzel, drei Herreneinzel, ein Herrendoppel und ein Mixed.

Grundsätzlich unterscheidet die Wettspielordnung des DTB die **Altersklassen** in die Bereiche Jugend, Aktive und Senioren. Diese setzen sich wie folgt zusammen:

Jugendbereich:

- ★ U10 (10 Jahre und jünger)
- ★ U11 (11 Jahre und jünger)
- ★ U12 (12 Jahre und jünger)
- ★ U14 (14 Jahre und jünger)

- ★ U16 (16 Jahre und jünger)
- ★ U18 (18 Jahre und jünger)

Einsatzberechtigt sind Spieler, die das entsprechende Lebensjahr am 31. Dezember des Vorjahres noch nicht vollendet haben. Jüngere Spieler dürfen in einer höheren Altersklasse antreten, aber nicht umgekehrt. In vielen Landesverbänden gibt es zusätzlich die Altersklassen U8 und U9, in denen auf Kleinfeld bzw. Midcourt gespielt wird. Die Altersklasse U12 wird gewöhnlich als Bambini bezeichnet, die U14 als Mädchen bzw. Knaben und die U18 als Juniorinnen bzw. Junioren.

Aktivenbereich (Damen, Herren):

Hier sind alle Spieler einsatzberechtigt, die im Laufe des Veranstaltungsjahres mindestens 13 Jahre alt werden. Eine Unterkategorie bilden die weiblichen und männlichen U21-Spieler.

Seniorenbereich:

- ★ Damen 30 / Herren 30
- ★ Damen 40 / Herren 40
- ★ Damen 50 / Herren 50
- ★ Damen 55 / Herren 55
- ★ Damen 60 / Herren 60
- ★ Damen 65 / Herren 65
- ★ Damen 70 / Herren 70
- ★ Damen 75 / Herren 75
- ★ Herren 80

Hier bezeichnen die Altersangaben das Lebensjahr, das im Laufe des Veranstaltungsjahres vollendet sein muss. Dies bedeutet, dass beispielsweise ein 49-Jähriger bereits bei den Herren 50 eingesetzt werden darf. Ältere Spieler dürfen in jüngeren Altersklassen antreten, aber nicht umgekehrt. Damen 30 und Herren 30 werden umgangssprachlich auch als Jungseniorinnen bzw. Jungsenioren bezeichnet.

Der Deutsche Tennis Bund führt auch die **DTB-Ranglisten** in allen Altersklassen, beginnend mit der U12 im Jugendbereich. Bei den Senioren gibt es zusätzliche Ranglisten für Damen 80, Damen 85 und für Herren 85. Die Ranglisten werden viermal im Jahr zu den Stichtagen 31. Dezember, 31. März, 30. Juni und 30. September berechnet und veröffentlicht. Sie beziehen sich jeweils auf die Resultate aus den zwölf Monaten vor dem Stichtag.

Auf den Ranglisten im Jugendbereich finden sich zwischen 100 und 500 Spieler in einer Altersklasse, im Aktivenbereich sind es 500 Damen und 700 Herren, im Seniorenbereich werden je nach Altersklasse zwischen 100 und 250 Spieler geführt. Erst ab den Altersklassen Damen 70 und Herren 80 sinkt die Anzahl der gelisteten Spieler in den zweistelligen Bereich. Die Ranglisten der Landesverbände sind Auszüge aus den Ranglisten des DTB und werden nur noch für den Jugendbereich offiziell erstellt.

Die Ranglistenplatzierung entscheidet bei Turnieren über die Zulassung und die Position im Teilnehmerfeld sowie bei den Mannschaftswettbewerben über die Setzliste. Die DTB-Ranglisten werden erstellt durch das Abschneiden bei internationalen Turnieren, bei nationalen Turnieren mit Ranglistenwertung sowie bei Landesverbands- und Bezirksmeisterschaften. Abhängig von der Altersklasse, der Turnierkategorie, dem Teilnehmerfeld und der erreichten Runde werden nach einem ausgeklügelten System Punkte vergeben.

Ebenfalls in die DTB-Rangliste fließen die Ergebnisse bei den Medenspielen bis einschließlich der sechsthöchsten Liga ein. Hier werden die Punkte abhängig von der Höhe der Liga und der Position innerhalb der Mannschaft vergeben. Bei den Winterrunden gelten dieselben Regelungen.

Die Ranglistenbeauftragten der 17 Landesverbände melden die Punkte an die DTB-Geschäftsstelle nach Hamburg.

Der DTB und seine Landesverbände veranstalten neben den Mannschaftwettbewerben auch Turniere und **deutsche Meisterschaften** für Individualspieler. Bereits fünf Jahre vor der Verbandsgründung wurde 1897 erstmals ein Deutscher Meister ermittelt, den Premierentitel gewann Georg Wantzelius.

Von 1961 bis 1995 wurden Meisterschaften im Freien und in der Halle ausgespielt, seit 1996 findet nur noch ein Turnier als Saisonabschluss unter dem Dach statt. Dessen Austragungsort ist seit 2010 der Bezirksstützpunkt des Württembergischen Tennis-Bundes (WTB) im schwäbischen Biberach an der Riß. Große Stars fehlen zumeist im Teilnehmerfeld, das Turnier dient vor allem Spielern aus der zweiten Reihe und Nachwuchstalenten als Bühne.

Eine größere Aussagekraft besitzen die deutschen Jugendmeisterschaften. Hier werden Titelträger im Freien in den Altersklassen U13, U14 und U16 und in der Halle in den Altersklassen U14, U16 und U18 ermittelt. Gespielt werden Einzel- und Doppelwettbewerbe, entscheidend für die Teilnahme ist die Jugendrangliste. Austragungsort der deutschen Jugendmeisterschaften ist seit 1994 die Anlage des BASF Tennisclubs Ludwigshafen. Die deutschen Jugendhallenmeisterschaften finden seit 1986 in der 14-Felder-Halle des Tennis-Verbandes Niederrhein in Essen statt.

Hohen Stellenwert in den jüngeren Altersklassen U9, U10, U11 und U12 besitzt auch das Nationale Deutsche Jüngsten-Tennisturnier, das seit 1977 im Tenniskreis Lippe stattfindet. Hier trugen sich unter anderem 1977 Boris Becker, 1980 Stefanie Graf, 1990 Thomas Haas, 1999 Angelique Kerber, 2000 Sabine Lisicki und 2007 Alexander Zverev in die Siegerliste ein.

Schnittstelle zwischen dem Amateur- und Profibereich sind die Turniere der DTB Premium Tour und die DTB Internationals, die im nächsten Kapitel vorgestellt werden.

★ 3 ★ DIE WICHTIGSTEN TURNIERE UND WETTBEWERBE

Die vier **Grand-Slam-Turniere** sind die wichtigsten Veranstaltungen im Turnierkalender. Hier gibt es die größte öffentliche Aufmerksamkeit, hier gibt es die meisten Weltranglistenpunkte und das meiste Preisgeld zu verdienen. Zur Saison 1924 wurden die Turniere in Australien, Paris, London-Wimbledon und New York vom Weltverband ITF (damals noch ILTF) zu Majors ernannt. Mit Ausnahme von Paris wurden damals alle auf Rasen ausgetragen. Der Begriff „Grand Slam" bezeichnet eigentlich den Gewinn aller vier Majorturniere innerhalb eines Kalenderjahres und damit den größten Erfolg, den ein Tennisspieler erreichen kann. Er wird aber auch für die vier Turniere an sich genutzt. Seit 1987 finden diese in chronologischer Reihenfolge ab Mitte Januar in Melbourne, ab Ende Mai in Paris, ab Ende Juni/ Anfang Juli in Wimbledon und ab Ende August in New York statt.

Die Grand-Slam-Turniere werden unter dem Dach des Weltverbandes ITF ausgetragen und dauern zwei Wochen. Das Teilnehmerfeld besteht bei Damen und Herren aus jeweils 128 Einzelspielern und 64 Doppelpaaren. Das Männereinzel wird im Best-of-Five-Modus mit drei Gewinnsätzen ausgetragen. Der Namensbestandteil Open bei den Turnieren in Australien und den USA hielt mit Beginn der Open Era im Jahr 1968 Einzug und bezieht sich darauf, dass die Teilnehmer unabhängig von ihrem Status (Amateur/Profi) und ihrer Nationalität teilnehmen dürfen.

Die Einzelsieger erhalten jeweils 2000 Weltranglistenpunkte, für die weiteren Platzierungen sind die Punkte bei Damen und Herren leicht unterschiedlich abgestuft. Die Finalistin bekommt 1300 Punkte, der Finalist aber nur 1200. Den Halbfinalistinnen werden jeweils 780 und den Viertelfinalistinnen 430 Punkte gutgeschrieben, den Halbfinalisten aber nur 720 und den Viertelfinalisten 360.

Die Preisgelder bewegten sich 2019 zwischen 46,4 Millionen US-Dollar in Paris und 57,2 Millionen US-Dollar in New York.

Bestimmt wird der Turnierkalender bei den Herren von Januar bis November durch die von der Spielervereinigung und den Turnierveranstaltern ausgerichtete ATP Tour, deren Abschluss die ATP Finals der acht punktbesten Einzelspieler und acht punktbesten Doppelpaare bilden. Die Turniere sind nach ihrer Wertigkeit in drei Kategorien aufgeteilt. Die ranghöchste Ebene bilden die neun Turniere namens **ATP Masters 1000** in Indian Wells, Miami, Monte Carlo, Madrid, Rom, Montreal oder Toronto (im jährlichen Wechsel), Cincinnati, Shanghai und Paris-Bercy. Wie es der Name besagt, erhält der Sieger 1000 Weltranglistenpunkte.

Frühere Bezeichnungen dieser Kategorie waren ATP Masters Series, ATP Super 9 und ATP Championship Series. Das Preisgeld bewegte sich 2019 von 5,2 Millionen US-Dollar (0,96 Millionen für den Sieger) in Monte Carlo und Rom bis hin zu 9,04 Millionen US-Dollar (1,35 Millionen für den Sieger) in Indian Wells und Miami, wo mit jeweils 96 Einzelspielern und 32 Doppelpaaren die größten Teilnehmerfelder am Start waren. Beim Hallenturnier in Paris-Bercy sind es nur 48 Profis und 24 Doppelpaare.

Alle Spieler, die zum Abschluss der Vorsaison unter den Top 30 der Weltrangliste standen, sind verpflichtet, mit Ausnahme von Monte Carlo bei allen ATP Masters 1000 anzutreten. Warum das Turnier im Fürstentum von dieser Regelung ausgenommen ist, hat historische Gründe, deren Erklärung an dieser Stelle den Rahmen sprengen würde.

Nächsthöhere Kategorie sind die 13 Turniere namens **ATP 500** in Rotterdam, Rio de Janeiro, Dubai, Acapulco, Barcelona, London (Queen's Club), Halle/Westfalen, Hamburg, Washington, Peking, Tokio, Wien und Basel. Der Sieger erhält 500 Weltranglistenpunkte. Frühere Bezeichnungen dieser Kategorie waren ATP International Series Gold und ATP Championship Series. Das Preisgeld betrug 2019 zwischen 1,89 Millionen US-Dollar in Washington (0,38 Millionen für den Sieger) und 3,4 Millionen US-Dollar (0,73 Millionen für den Sieger) in Peking.

Niedrigste Kategorie der ATP Tour sind die rund 40 Turniere namens **ATP 250**, unter ihnen die BMW Open in München und der Mercedes Cup in Stuttgart. Der Sieger erhält 250 Weltranglistenpunkte, als Preisgeld wurde 2019 von 0,5 Millionen US-Dollar in Cordoba und Antalya bis zu 1,35 Millionen US-Dollar in Doha ausgeschüttet. Frühere Namen dieser Kategorie waren ATP International Series und ATP World Series. Die Teilnehmerfelder bei den Turnieren ATP 500 und ATP 250 setzen sich in der Regel aus 28 oder 32 Einzelspielern und 16 Doppelpaaren zusammen.

Den Unterbau der ATP Tour bildet die **ATP Challenger Tour**, die 2019 aus insgesamt 158 Turnieren weltweit bestand. Diese waren analog zu den Weltranglistenpunkten unterteilt in die Kategorien ATP Challenger 125 (20 Turniere), ATP Challenger 110 (sieben), ATP Challenger 100 (elf), ATP Challenger 90 (21) und ATP Challenger 80 (99). Das Preisgeld bewegte sich von 54.000 US-Dollar bei den Turnieren in Vietnam und Uruguay bis hin zu 162.500 US-Dollar bei einigen Events in den USA und in Asien.

Challenger-Turniere in Deutschland fanden 2019 statt in Heilbronn, Ludwigshafen, Braunschweig, Augsburg, Meerbusch (alle auf Sandplätzen), Koblenz, Ismaning, Hamburg-Horn und Eckental bei Erlangen (alle in der Halle). Der Neckar Cup in Heilbronn gehört der dritthöchsten Kategorie Challenger 100 an.

Eine weitere untergeordnete Turnierserie für Profis organisiert der Weltverband ITF mit der **ITF Men's World Tennis Tour**. Frühere Bezeichnungen waren ITF Men's Circuit, ITF Future Tour und Satellite Circuit. 2019 gab es weltweit 540 dieser Turniere, die sich in erster Linie an Profis aus der zweiten Reihe, Jungprofis und Nachwuchstalente richten. Das Preisgeld betrug 15.000 oder 25.000 US-Dollar, der Gewinner erhielt 2.160 oder 3.600 US-Dollar Siegprämie und zehn bzw. 20 Weltranglistenpunkte. Es wird auch eine eigene Rangliste für die Turniere der ITF Men's World Tennis Tour geführt.

Ähnlich sind der Turnierkalender und die Hierarchie bei den Damen auf der WTA Tour. An deren Saisonende finden gleich zwei Events statt: die WTA Finals für die acht punktbesten Einzelspielerinnen und acht punktbesten Doppelpaare sowie die WTA Elite Trophy für zwölf weitere Einzelspielerinnen und sechs Doppelpaare.

Die Turniere von Januar bis Oktober sind in vier Kategorien unterteilt. Zur Saison 2021 wurden deren Bezeichnungen an die ATP Tour angeglichen. Die WTA begründete diese Neuerung damit, dass „Fans, Partnern und Medien erleichtert werden soll, unseren Sport zu betreiben und zu verfolgen". Die bisherigen Namen Premier Mandatory, Premier 5, Premier und International hatten oft für Verwirrung gesorgt.

Die ranghöchste Kategorie heißt nun **WTA 1000** und umfasst neun Turniere: die vier früheren Premier Mandatory Events in Indian Wells, Miami, Madrid und Peking sowie die fünf früheren Premier 5 Events in Dubai oder Doha, Rom, Toronto oder Montreal (im jährlichen Wechsel), Cincinnati und Wuhan/China. Die Siegerinnen erhalten hier 900 oder 1000 Weltranglistenpunkte.

Die Preisgelder betrugen bei diesen Turnieren 2019 zwischen 2,8 Millionen US-Dollar in Dubai, Toronto und Wuhan (0,5 Millionen US-Dollar für die Siegerin) bis hin zu 9,04 Millionen US-Dollar in Indian Wells und Miami (1,35 Millionen für die Siegerin). Die Teilnehmerfelder bestehen aus 56 Einzelspielerinnen und 28 Doppelpaaren bis hin zu 96 Einzelspielerinnen und 32 Doppelpaaren bei den zwei großen Events in den USA.

Zweithöchste Ebene sind die zwölf **WTA-500**-Turniere, darunter der Porsche Grand Prix in Stuttgart und die neuen Bett1 Open in Berlin. Bis 2020 hieß diese Kategorie Premier. Die Teilnehmerfelder schwanken zwischen 28 und 56 Einzelspielerinnen. Die Doppelfelder bestehen allerorten aus 16 Paaren. Die Preisgelder bewegen sich zwischen 0,82 und 1,1 Millionen US-Dollar, die Siegerinnen kassieren zwischen 100.000 und 270.000 US-Dollar sowie 470 Weltranglistenpunkte. Die Veranstaltungen in Dubai und Doha tauschen in jedem Jahr die Kategorien WTA 1000 und WTA 500. Bis 2008 hießen die beiden höchsten Kategorien Tier I bzw. Tier II.

Zweitniedrigste Ebene sind die rund 30 Turniere der Kategorie **WTA 250**, darunter das neue Rasenevent in Bad Homburg. Die Teilnehmerfelder bestehen aus 32 Einzelspielerinnen und 16 Doppelpaaren. Hier werden in der Regel 250.000 US-Dollar Preisgeld ausgeschüttet, die Siegerinnen erhalten 280 Weltranglistenpunkte. Bis einschließlich 2020 nannte sich diese Kategorie International.

Die niedrigste Ebene heißt **WTA 125**, im Volksmund wird sie – analog zur Herrentour – auch als WTA Challenger Serie bezeichnet.

Des Weiteren organisiert der Weltverband die **ITF Women's World Tennis Tour** (bis 2018 ITF Women's Circuit) für Spielerinnen aus der zweiten Reihe oder am Übergang vom Junioren- in den Profibereich. Es gibt weltweit mehrere Hundert dieser Turniere mit Preisgeldern zwischen 10.000 und 100.000 US-Dollar. Die bekanntesten in Deutschland sind die mit 100.000 US-Dollar dotierten Wiesbaden Ladies Open sowie die mit jeweils 60.000 US-Dollar dotierten Reinert Open im ostwestfälischen Versmold und Boso Ladies Open im schwäbischen Hechingen.

Neben den vier Majors in Melbourne, Paris, London-Wimbledon und New York waren 13 Turniere der ATP Tour und WTA Tour im Jahr 2019 sogenannte **Combined Events**, bei denen Damen und Herren zeitgleich und auf der gleichen Anlage spielten. Dazu gehörten die Topevents in Indian Wells, Miami und Madrid, die sowohl auf der ATP Tour als auch auf der WTA Tour zur höchsten Kategorie zählen. Weitere hochkarätige Combined Events fanden in Rom, Cincinnati und Peking statt, geringer dotierte in Brisbane, Sydney, Acapulco, 's-Hertogenbosch, Eastbourne, Washington und Moskau.

3.1 DIE TOPTURNIERE

3.1.1 Australian Open

Das erste Grand-Slam-Turnier des Jahres findet ab Mitte Januar auf der anderen Seite des Erdballs statt. Die Australian Open in Melbourne, wie wir sie heute kennen, existieren erst seit 1988. Zuvor hieß das Turnier Australasian Championships (1905 bis 1926) und Australian Championships (1927 bis 1968) und hatte wechselnde Standorte – neben Melbourne auch Sydney, Adelaide, Brisbane und Perth.

Erst nach Beginn der Open Era erhielt es 1969 seinen heutigen Namen, 1971 wurde es einmalig unter dem Dach der mit dem Weltverband konkurrierenden Profiorganisation WCT ausgetragen. Erst seit 1972 wird dauerhaft in Melbourne gespielt. Ausrichter ist der australische Dachverband Tennis Australia.

Von 1977 bis 1985 fanden die Australian Open am Jahresende im November und Dezember statt. Der Termin – anfangs sogar über Weihnachten und Silvester – sorgte neben der weiten Anreise und dem im Vergleich zu Paris, Wimbledon und New York geringeren Preisgeld dafür, dass nicht alle Stars am Start waren. Björn Borg beispielsweise nahm nur ein einziges Mal teil. Um den Saisonkalender schlüssiger erscheinen zu lassen, tauschten die Australian Open 1986/87 mit der bis dahin erst im Januar des Folgejahres stattfindenden Saisonabschlussveranstaltung (damals Masters, heute ATP Finals) den Termin.

In jüngerer Vergangenheit verzeichneten die Australian Open einen gewaltigen Anstieg des Preisgeldes. 2020 wurden 49,2 Millionen US-Dollar ausgeschüttet, dies bedeutete gegenüber dem Vorjahr eine Steigerung von 13,6 Prozent. Die Sieger im Damen- und Herreneinzel erhielten jeweils 2,85 Millionen US-Dollar, die Finalisten 1,43 Millionen.

Bis einschließlich 1987 wurde das Turnier auf Rasen gespielt. Zwischen 1973 und 1987 fand es auf der Anlage des Kooyong Lawn Tennis Clubs mit dem hufeisenförmigen, 12 000 Zuschauer fassenden Yooyong Stadium statt, auf dessen Rasen drei Tennisfelder markiert waren, die je nach Abnutzungsgrad genutzt wurden. Mit ihren lediglich sieben Rasenplätzen war die Anlage jedoch mit zunehmender Dauer den Ansprüchen eines Grand-Slam-Turniers nicht mehr gewachsen. Die Einzelkonkurrenzen wurden aus Kapazitätsgründen mit lediglich 96 Herren und gar nur 64 Damen (statt jeweils 128 Teilnehmern) gespielt, auf den Mixedwettbewerb wurde komplett verzichtet.

1988 zogen die Australian Open in den neu erbauten Flinders Park (heute Melbourne Park) um, von Rasen- wurde auf Hartplätze gewechselt. Bis 2007 wurde der Belag Rebound Ace verwendet, 2008 wurde auf das etwas schnellere Plexicushion umgestellt.

Der Center Court fasst knapp 15 000 Zuschauer und trägt seit 2006 den Namen Rod Laver Arena. Hier fanden und finden auch weitere Veranstaltungen wie die Turn-WM 2005, die Schwimm-WM 2007, Konzerte oder Basketballspiele statt. Weitere große Stadien sind die Melbourne Arena mit knapp 10 000 Zuschauerplätzen und die Margaret Court Arena (7500). Alle drei Stadien verfügen über schließbare Schiebedächer.

Rekordsieger seit Beginn der Open Era 1968 sind der Serbe Novak Djoković (neun Titel) und die US-Amerikanerin Serena Williams (sieben). Deutsche Gewinner waren Stefanie Graf (1988, 1989, 1990, 1994), Boris Becker (1991, 1996) und Angelique Kerber (2016). Im Finale geschlagen geben mussten sich je einmal Stefanie Graf (1993), Anke Huber (1996) und Rainer Schüttler (2003). Claudia Kohde-Kilsch erreichte dreimal das Doppelfinale, 1982 an der Seite von Eva Pfaff sowie 1984 und 1985 mit Helena Suková (Tschechoslowakei). Vor der Open Era verloren Gottfried von Cramm und Henner Henkel 1938 das Doppelfinale.

Siegerliste (Herren)		
1969	Rod Laver	Australien
1970	Arthur Ashe	USA
1971	Ken Rosewall	Australien
1972	Ken Rosewall	Australien
1973	John Newcombe	Australien
1974	Jimmy Connors	USA
1975	John Newcombe	Australien
1976	Mark Edmondson	Australien
1977	Roscoe Tanner	USA
1977	Vitas Gerulaitis	USA
1978	Guillermo Vilas	Argentinien
1979	Guillermo Vilas	Argentinien
1980	Brian Teacher	USA
1981	Johan Kriek	Südafrika
1982	Johan Kriek	USA
1983	Mats Wilander	Schweden
1984	Mats Wilander	Schweden
1985	Stefan Edberg	Schweden
1987	Stefan Edberg	Schweden
1988	Mats Wilander	Schweden
1989	Ivan Lendl	Tschecho-slowakei
1990	Ivan Lendl	Tschecho-slowakei
1991	Boris Becker	Deutschland
1992	Jim Courier	USA
1993	Jim Courier	USA
1994	Pete Sampras	USA
1995	Andre Agassi	USA
1996	Boris Becker	Deutschland
1997	Pete Sampras	USA
1998	Petr Korda	Tschechien
1999	Jewgeni Kafelnikow	Russland
2000	Andre Agassi	USA
2001	Andre Agassi	USA
2002	Thomas Johansson	Schweden
2003	Andre Agassi	USA
2004	Roger Federer	Schweiz
2005	Marat Safin	Russland
2006	Roger Federer	Schweiz
2007	Roger Federer	Schweiz
2008	Novak Djoković	Serbien
2009	Rafael Nadal	Spanien
2010	Roger Federer	Schweiz
2011	Novak Djoković	Serbien
2012	Novak Djoković	Serbien
2013	Novak Djoković	Serbien
2014	Stan Wawrinka	Schweiz
2015	Novak Djoković	Serbien
2016	Novak Djoković	Serbien
2017	Roger Federer	Schweiz
2018	Roger Federer	Schweiz
2019	Novak Djoković	Serbien
2020	Novak Djoković	Serbien
2021	Novak Djoković	Serbien

Anmerkungen:

★ Siegerlisten seit Beginn der Open Era.

★ Johan Kriek wechselte 1982 die Staatsbürgerschaft.

Siegerliste (Damen)		
1969	Margaret Court	Australien
1970	Margaret Court	Australien
1971	Margaret Court	Australien
1972	Virginia Wade	Großbritannien
1973	Margaret Court	Australien
1974	Evonne Goolagong	Australien
1975	Evonne Goolagong Cawley	Australien
1976	Evonne Goolagong Cawley	Australien
1977	Kerry Reid	Australien
1977	Evonne Goolagong Cawley	Australien
1978	Christine O'Neil	Australien
1979	Barbara Jordan	USA
1980	Hana Mandlíková	Tschechoslowakei
1981	Martina Navratilova	USA
1982	Chris Evert-Lloyd	USA
1983	Martina Navratilova	USA
1984	Chris Evert-Lloyd	USA
1985	Martina Navratilova	USA
1987	Hana Mandlíková	Tschechoslowakei
1988	Stefanie Graf	Deutschland
1989	Stefanie Graf	Deutschland
1990	Stefanie Graf	Deutschland
1991	Monica Seleš	Jugoslawien
1992	Monica Seleš	Jugoslawien
1993	Monica Seleš	Jugoslawien
1994	Stefanie Graf	Deutschland
1995	Mary Pierce	Frankreich
1996	Monica Seles	USA
1997	Martina Hingis	Schweiz
1998	Martina Hingis	Schweiz
1999	Martina Hingis	Schweiz
2000	Lindsay Davenport	USA
2001	Jennifer Capriati	USA
2002	Jennifer Capriati	USA
2003	Serena Williams	USA
2004	Justine Henin-Hardenne	Belgien
2005	Serena Williams	USA
2006	Amélie Mauresmo	Frankreich
2007	Serena Williams	USA
2008	Maria Scharapova	Russland
2009	Serena Williams	USA
2010	Serena Williams	USA
2011	Kim Clijsters	Belgien
2012	Wiktoryja Asaranka	Weißrussland
2013	Wiktoryja Asaranka	Weißrussland
2014	Li Na	China
2015	Serena Williams	USA
2016	Angelique Kerber	Deutschland
2017	Serena Williams	USA
2018	Caroline Wozniacki	Dänemark
2019	Naomi Ōsaka	Japan
2020	Sofia Kenin	USA

Anmerkungen:

★ Evonne Goolagong spielte ab 1975 unter dem Doppelnamen Goolagong Cawley.

★ Chris Evert trat von 1979 bis 1987 unter dem Doppelnamen Evert-Lloyd an.

★ Monica Seleš wechselte 1994 die Staatsbürgerschaft.

3.1.2 Roland Garros

Das Turnier von Roland Garros, im Volksmund und in der Tennisszene zumeist als French Open bezeichnet, ist der Höhepunkt der europäischen Sandplatzsaison. Es findet traditionell im Frühjahr in Paris statt, 2020 wurde es wegen der Coronapandemie in den Herbst verlegt. Offizieller Vorläufer ist das erstmals 1891 ausgetragene Championnat de France, das bis 1924 auf verschiedenen Anlagen in Paris ausgetragen wurde und bei dem die Teilnahme ausschließlich Mitgliedern französischer Tennisvereine vorbehalten war.

Von 1912 bis 1923 existierte parallel dazu das Championnats du monde sur dur, die Hartplatzweltmeisterschaft, die im Pariser Vorort Saint-Cloud mit einem – wie es der Name schon sagt – internationalen Teilnehmerfeld durchgeführt wurde. Als Hartplätze wurden zur damaligen Zeit Sandplätze bezeichnet, da sie härter waren als Rasen.

Ab 1925 wurden die Championnats Internationaux de France de Tennis ausgetragen, also die Internationalen Tennismeisterschaften von Frankreich. Schauplätze waren zunächst die Anlage in Saint-Cloud und der Racing Club Paris. 1928 fand das Turnier in der nach dem französischen Flugpionier benannten Anlage Stade Roland Garros im 16. Arrondissement von Paris eine feste Heimat. Heute trägt es den Namen der Anlage. Ausrichter ist der französische Dachverband Fédération Française de Tennis (FFT). 2006 wurde der Turnierstart von Montag auf Sonntag vorverlegt.

Mittelpunkt der Anlage mit insgesamt 20 Sandplätzen ist der nach dem ehemaligen Weltverbandspräsidenten benannte und nach dem Turnier 2018 komplett neu errichtete Court Philippe Chatrier mit einem Fassungsvermögen für 15.500 Zuschauer. 2020 erhielt der Platz ein Schiebedach.

Weitere große Stadien sind Court Suzanne Lenglen und der neue Court Simonne Mathieu mit knapp über 10 000 bzw. 5000 Sitzplätzen. Beide wurden nach früheren französischen Weltklassespielerinnen benannt.

Court 1, ein Rundbau für 3800 Zuschauer, fiel 2019 der Abrissbirne zum Opfer. Im selben Jahr wurden 46,4 Millionen US-Dollar an Preisgeld ausgeschüttet. Die Sieger im Damen- und Herreneinzel erhielten jeweils 2,71 Millionen US-Dollar, die Finalisten jeweils 1,39 Millionen. 2020 sank das Preisgeld coronabedingt auf 35,6 Millionen.

Rekordsieger seit Beginn der Open Era 1968 sind der Spanier Rafael Nadal (13 Titel) und die US-Amerikanerin Chris Evert (sieben). Stefanie Graf gewann das Turnier sechsmal (1987, 1988, 1993, 1995, 1996, 1999) und musste sich dreimal (1989, 1990, 1992) im Finale geschlagen geben. Helga Niessen (1970), Sylvia Hanika (1981) und Michael Stich (1996) standen ebenfalls im Endspiel. Kevin Krawietz und Andreas Mies holten 2019 und 2020 den Titel im Doppel, Anna-Lena Grönefeld 2014 an der Seite des Niederländers Jean-Julien Rojer den im Mixed.

Das Doppelfinale erreichten 1974 Katja Ebbinghaus (mit der Australierin Gail Sherriff), 1976 Helga Masthoff (mit der US-Amerikanerin Kathy Harter) sowie 1984, 1985 und 1988 Claudia Kohde-Kilsch (einmal mit Hana Mandlíková, zweimal mit Helena Suková, beide Tschechoslowakei). Stefanie Graf unterlag 1986, 1987 und 1989 an der Seite der Argentinierin Gabriela Sabatini, Marc-Kevin Goellner und David Prinosil mussten sich 1993 im Endspiel geschlagen geben.

Vor der Open Era trugen sich Cilly Aussem (1931), Hilde Sperling (1935, 1936, 1937), Gottfried von Cramm (1934, 1936) und Henner Henkel (1937) in die Siegerliste ein. Henkel und von Cramm gewannen 1937 auch das Doppel, Cilly Aussem 1931 an der Seite des US-Amerikaners Bill Tilden das Mixed. 1935 erreichte von Cramm ein weiteres Mal das Einzelendspiel.

Ins Doppelfinale drangen 1931 Cilly Aussem (mit der US-Amerikanerin Elizabeth Ryan), 1962 Wilhelm Bungert und Christian Kuhnke sowie 1964 Helga Schulze (mit der Argentinierin Norma Baylon) vor. Im Mixedfinale fanden 1937 Marie Luise Horn (mit dem Franzosen Roland Journu) und 1957 Edda Buding (mit dem Chilenen Luis Ayala) ihre Meister.

Siegerliste (Herren)		
1968	Ken Rosewall	Australien
1969	Rod Laver	Australien
1970	Jan Kodeš	Tschechoslowakei
1971	Jan Kodeš	Tschechoslowakei
1972	Andrés Gimeno	Spanien
1973	Ilie Năstase	Rumänien
1974	Björn Borg	Schweden
1975	Björn Borg	Schweden
1976	Adriano Panatta	Italien
1977	Guillermo Vilas	Argentinien
1978	Björn Borg	Schweden
1979	Björn Borg	Schweden
1980	Björn Borg	Schweden
1981	Björn Borg	Schweden
1982	Mats Wilander	Schweden
1983	Yannick Noah	Frankreich
1984	Ivan Lendl	Tschechoslowakei
1985	Mats Wilander	Schweden
1986	Ivan Lendl	Tschechoslowakei
1987	Ivan Lendl	Tschechoslowakei
1988	Mats Wilander	Schweden
1989	Michael Chang	USA
1990	Andrés Gómez	Ecuador
1991	Jim Courier	USA
1992	Jim Courier	USA
1993	Sergi Bruguera	Spanien
1994	Sergi Bruguera	Spanien
1995	Thomas Muster	Österreich
1996	Jewgeni Kafelnikow	Russland
1997	Gustavo Kuerten	Brasilien
1998	Carlos Moyá	Spanien
1999	Andre Agassi	USA
2000	Gustavo Kuerten	Brasilien
2001	Gustavo Kuerten	Brasilien
2002	Albert Costa	Spanien
2003	Juan Carlos Ferrero	Spanien
2004	Gastón Gaudio	Argentinien
2005	Rafael Nadal	Spanien
2006	Rafael Nadal	Spanien
2007	Rafael Nadal	Spanien
2008	Rafael Nadal	Spanien
2009	Roger Federer	Schweiz
2010	Rafael Nadal	Spanien
2011	Rafael Nadal	Spanien
2012	Rafael Nadal	Spanien
2013	Rafael Nadal	Spanien
2014	Rafael Nadal	Spanien
2015	Stan Wawrinka	Schweiz
2016	Novak Djoković	Serbien
2017	Rafael Nadal	Spanien
2018	Rafael Nadal	Spanien
2019	Rafael Nadal	Spanien
2020	Rafael Nadal	Spanien

Siegerliste (Damen)		
1968	Nancy Richey	USA
1969	Margaret Court	Australien
1970	Margaret Court	Australien
1971	Evonne Goolagong	Australien
1972	Billie Jean King	USA
1973	Margaret Court	Australien
1974	Chris Evert	USA
1975	Chris Evert	USA
1976	Sue Barker	Großbritannien
1977	Mima Jaušovec	Jugoslawien
1978	Virginia Ruzici	Rumänien
1979	Chris Evert-Lloyd	USA
1980	Chris Evert-Lloyd	USA
1981	Hana Mandlíková	Tschechoslowakei
1982	Martina Navratilova	USA
1983	Chris Evert-Lloyd	USA
1984	Martina Navratilova	USA
1985	Chris Evert-Lloyd	USA
1986	Chris Evert-Lloyd	USA
1987	Stefanie Graf	Deutschland
1988	Stefanie Graf	Deutschland
1989	Arantxa Sánchez Vicario	Spanien
1990	Monica Seleš	Jugoslawien
1991	Monica Seleš	Jugoslawien
1992	Monica Seleš	Jugoslawien
1993	Stefanie Graf	Deutschland
1994	Arantxa Sánchez Vicario	Spanien
1995	Steffi Graf	Deutschland
1996	Steffi Graf	Deutschland
1997	Iva Majoli	Kroatien
1998	Arantxa Sánchez Vicario	Spanien
1999	Stefanie Graf	Deutschland
2000	Mary Pierce	Frankreich
2001	Jennifer Capriati	USA
2002	Serena Williams	USA
2003	Justine Henin-Hardenne	Belgien
2004	Anastassija Myskina	Russland
2005	Justine Henin-Hardenne	Belgien
2006	Justine Henin-Hardenne	Belgien
2007	Justine Henin	Belgien
2008	Ana Ivanović	Serbien
2009	Swetlana Kusnezova	Russland
2010	Francesca Schiavone	Italien
2011	Li Na	China
2012	Maria Scharapova	Russland
2013	Serena Williams	USA
2014	Maria Scharapova	Russland
2015	Serena Williams	USA
2016	Garbiñe Muguruza	Spanien
2017	Jeļena Ostapenko	Lettland
2018	Simona Halep	Rumänien
2019	Ashleigh Barty	Australien
2020	Iga Świątek	Polen

Anmerkungen:

- ★ Siegerlisten seit Beginn der Open Era.
- ★ Chris Evert trat von 1979 bis 1987 unter dem Doppelnamen Evert-Lloyd an.
- ★ Justine Henin trug von 2002 bis 2006 den Doppelnamen Henin-Hardenne.

3.1.3 The Championships Wimbledon

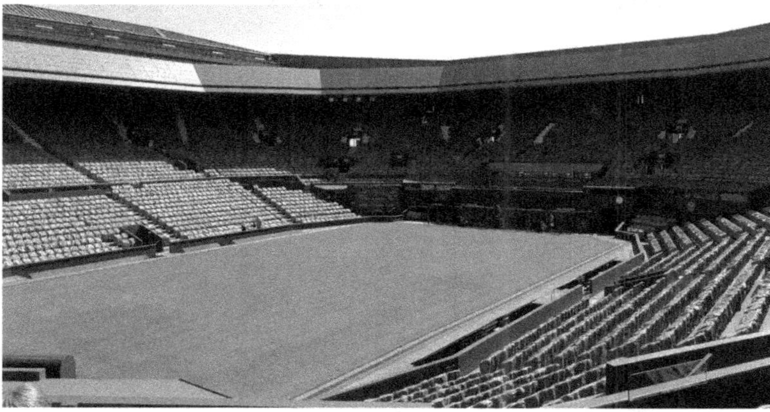

Das älteste und bekannteste der vier Grand-Slam-Turniere entstand einst aus finanzieller Not heraus. Weil der All England Croquet and Lawn Tennis Club – das damals noch neue Spiel Lawn Tennis wurde erst kurz zuvor in den Vereinsnamen aufgenommen – im Jahr 1877 dringend Geld für die Reparatur einer gebrochenen Achse seiner einzigen Rasenwalze benötigte, führte er auf seiner Anlage in Wimbledon ein Turnier durch. Die Startgebühr der Teilnehmer und Eintrittskarten der Zuschauer spülten dem damals klammen Club umgerechnet 350 Euro in die Kasse. Eineinhalb Jahrhunderte später lässt sich darüber schmunzeln, zur damaligen Zeit aber war es sehr viel Geld.

Längst sind The Championships Wimbledon – so der vollständige und offizielle Name des Turniers – die wichtigste, prestigeträchtigste und traditionsreichste Veranstaltung im jährlichen Turnierkalender. Die Spielfelder im Süden Londons werden respektvoll als „heiliger Rasen" bezeichnet. Bereits 1884 fand ein Damenwettbewerb statt, 1899 tauschte der Verein in seinem Namen die Reihenfolge der Sportarten ihrem Stellenwert entsprechend in All England Lawn Tennis and Croquet Club.

Zwei einschneidende Änderungen gab es 1922: Der Verein zog von seiner zu klein gewordenen Anlage an der Worple Road rund zwei Kilometer weiter nördlich auf eine größere Fläche an der Church Road. Und der

Sieger war ab sofort nicht mehr automatisch für das Finale im folgenden Jahr gesetzt, sondern musste sich dafür wie alle anderen Spieler auch qualifizieren. 2011 wurde der Verein in eine Kapitalgesellschaft mit dem Namen The All England Lawn Tennis & Croquet Club Limited (The Club) umgewandelt, deren Tochterfirma AELTC das Turnier (The Championships) ausrichtet und organisiert.

Was Wimbledon so besonders macht? Tradition wird großgeschrieben. Wimbledon ist als einziges von einstmals drei Grand-Slam-Turnieren auf Rasen übrig geblieben – die US Open rüsteten 1975 zunächst auf Sand und weitere drei Jahre später auf Hartplatz um, die Australian Open vollzogen 1988 den Wechsel. Nach wie vor muss die Kleidung der Spieler zu 90 Prozent in Weiß gehalten sein. Diese Regel gilt auch für Unterwäsche und Schuhe. Der sogenannte Middle Sunday, also der letzte Tag der ersten Turnierwoche, ist aus Rücksicht auf die Anwohner und zwecks Rasenpflege spielfrei. Und auf den Plätzen wird mit Ausnahme von Rolex und Robinsons Barley Water auf Werbung verzichtet.

Neuerungen werden seit jeher vorsichtig vorgenommen: Erst 1986 stellten die Engländer von weißen auf die weltweit längst obligatorischen gelben Bälle um. Als Konsequenz auf die wenig ästhetischen Aufschlagorgien in den 1990er-Jahren wurde 2001 eine neue Rasenmischung eingepflanzt, die mit dichterem Wuchs fortan für einen höheren Ballabsprung sorgte und damit das Tempo reduzierte. Die Anzahl der Serve-and-Volley-Punkte, also der direkten Netzangriffe nach dem Aufschlag, ging seither drastisch zurück. Längst sind auch an der Church Road rassige Grundlinienduelle zu sehen.

2009 wurde über dem 15 000 Zuschauer fassenden Center Court ein schließbares Schiebedach installiert, zehn Jahre später folgte ein Dach über dem 12 345 Zuschauer fassenden Court No. 1. Fast schon revolutionär kommt da die Terminänderung daher: Seit 2015 beginnt das zweiwöchige Turnier eine Woche später, am letzten statt am vorletzten Montag im Juni. Damit sollte die Rasensaison und die zuvor lediglich zweiwöchige Pause zwischen dem zweiten und dem dritten Grand-Slam-Turnier des Jahres verlängert werden.

2019 wurden 49,4 Millionen US-Dollar Preisgeld an die Profis ausgeschüttet, dies bedeutete gegenüber dem Vorjahr eine Steigerung von 13,6 Prozent. Die Sieger im Damen- und Herreneinzel erhielten jeweils 2,85 Millionen US-Dollar, die Finalisten 1,43 Millionen. 2020 wurde das Turnier wegen der Coronapandemie abgesagt.

Rekordsieger seit Beginn der Open Era 1968 sind Martina Navrátilová (Tschechoslowakei/USA) mit neun Titeln zwischen 1978 und 1990 sowie Roger Federer (Schweiz) mit acht Titeln zwischen 2003 und 2017. Boris Becker siegte 1985, 1986 und 1989, Michael Stich 1991 im rein deutschen Endspiel gegen Boris Becker. 1988, 1990 und 1995 drang Boris Becker ebenfalls bis ins Finale vor. Stefanie Graf gewann siebenmal (1988, 1989, 1991, 1992, 1993, 1995, 1996) und stand zweimal im Finale (1987, 1999). 2018 trug sich Angelique Kerber in die Siegerliste ein, nachdem sie zwei Jahre zuvor noch im Endspiel unterlegen war. Ebenfalls im Einzelendspiel stand 2013 Sabine Lisicki.

Den Titel im Doppel holten 1987 Claudia Kohde-Kilsch (mit der Tschechoslowakin Helena Suková), 1988 Stefanie Graf (mit der Argentinierin Gabriela Sabatini), 1992 Michael Stich (mit dem US-Amerikaner John McEnroe) und 2010 Philipp Petzschner (mit dem Österreicher Jürgen Melzer). Den Mixedtitel gewann 2009 Anna-Lena Grönefeld (mit dem Bahamaer Mark Knowles). Im Doppelfinale musste sich 2011 Sabine Lisicki geschlagen geben (mit der Australierin Samantha Stosur), im Mixedfinale 2016 Anna-Lena Grönefeld (mit dem Kolumbianer Robert Farah).

Vor der Open Era gewann Cilly Aussem das rein deutsche Endspiel 1931 gegen Hilde Krahwinkel, später Sperling. Den Kürzeren im Finale zogen Gottfried von Cramm 1935, 1936 und 1937, noch einmal Hilde Sperling 1936 und Wilhelm Bungert 1967. Im Doppelfinale unterlagen 1938 Henner Henkel und Georg von Metaxa. Im Mixedfinale mussten sich 1930 Hilde Krahwinkel und Daniel Prenn, 1938 Henner Henkel (mit der US-Amerikanerin Sarah Palfrey Cooke) sowie 1961 Edda Buding (mit dem Australier Bob Howe) geschlagen geben.

Siegerliste (Herren)		
1968	Rod Laver	Australien
1969	Rod Laver	Australien
1970	John Newcombe	Australien
1971	John Newcombe	Australien
1972	Stan Smith	USA
1973	Jan Kodeš	Tschechoslowakei
1974	Jimmy Connors	USA
1975	Arthur Ashe	USA
1976	Björn Borg	Schweden
1977	Björn Borg	Schweden
1978	Björn Borg	Schweden
1979	Björn Borg	Schweden
1980	Björn Borg	Schweden
1981	John McEnroe	USA
1982	Jimmy Connors	USA
1983	John McEnroe	USA
1984	John McEnroe	USA
1985	Boris Becker	Deutschland
1986	Boris Becker	Deutschland
1987	Pat Cash	Australien
1988	Stefan Edberg	Schweden
1989	Boris Becker	Deutschland
1990	Stefan Edberg	Schweden
1991	Michael Stich	Deutschland
1992	Andre Agassi	USA
1993	Pete Sampras	USA
1994	Pete Sampras	USA
1995	Pete Sampras	USA
1996	Richard Krajicek	Niederlande
1997	Pete Sampras	USA
1998	Pete Sampras	USA
1999	Pete Sampras	USA
2000	Pete Sampras	Australien
2001	Goran Ivanišević	Kroatien
2002	Lleyton Hewitt	Australien
2003	Roger Federer	Schweiz
2004	Roger Federer	Schweiz
2005	Roger Federer	Schweiz
2006	Roger Federer	Schweiz
2007	Roger Federer	Schweiz
2008	Rafael Nadal	Spanien
2009	Roger Federer	Schweiz
2010	Rafael Nadal	Spanien
2011	Novak Djoković	Serbien
2012	Roger Federer	Schweiz
2013	Andy Murray	Großbritannien
2014	Novak Djoković	Serbien
2015	Novak Djoković	Serbien
2016	Andy Murray	Großbritannien
2017	Roger Federer	Schweiz
2018	Novak Djoković	Serbien
2019	Novak Djoković	Serbien

Siegerliste (Damen)		
1968	Billie Jean King	USA
1969	Ann Haydon-Jones	Großbritannien
1970	Margaret Court	Australien
1971	Evonne Goolagong	Australien
1972	Billie Jean King	USA
1973	Billie Jean King	USA
1974	Chris Evert	USA
1975	Billie Jean King	USA
1976	Chris Evert	USA
1977	Virginia Wade	Großbritannien
1978	Martina Navrátilová	Tschechoslowakei
1979	Martina Navrátilová	Tschechoslowakei
1980	Evonne Goolagong Cawley	Australien
1981	Chris Evert-Lloyd	USA
1982	Martina Navratilova	USA
1983	Martina Navratilova	USA
1984	Martina Navratilova	USA
1985	Martina Navratilova	USA
1986	Martina Navratilova	USA
1987	Martina Navratilova	USA
1988	Stefanie Graf	Deutschland
1989	Stefanie Graf	Deutschland
1990	Martina Navratilova	USA
1991	Stefanie Graf	Deutschland
1992	Stefanie Graf	Deutschland
1993	Stefanie Graf	Deutschland
1994	Conchita Martínez	Spanien
1995	Stefanie Graf	Deutschland
1996	Stefanie Graf	Deutschland
1997	Martina Hingis	Schweiz
1998	Jana Novotná	Tschechien
1999	Lindsay Davenport	USA
2000	Venus Williams	USA
2001	Venus Williams	USA
2002	Serena Williams	USA
2003	Serena Williams	USA
2004	Maria Scharapova	Russland
2005	Venus Williams	USA
2006	Amélie Mauresmo	Frankreich
2007	Venus Williams	USA
2008	Venus Williams	USA
2009	Serena Williams	USA
2010	Serena Williams	USA
2011	Petra Kvitová	Tschechien
2012	Serena Williams	USA
2013	Marion Bartoli	Frankreich
2014	Petra Kvitová	Tschechien
2015	Serena Williams	USA
2016	Serena Williams	USA
2017	Garbiñe Muguruza	Spanien
2018	Angelique Kerber	Deutschland
2019	Simona Halep	Rumänien

Anmerkungen:

- ★ Siegerlisten seit Beginn der Open Era.
- ★ Evonne Goolagong spielte ab 1975 unter dem Doppelnamen Goolagong Cawley.
- ★ Chris Evert trat von 1979 bis 1987 unter dem Doppelnamen Evert-Lloyd an.
- ★ Martina Navrátilová erhielt 1981 die US-Staatsbürgerschaft.

3.1.4 US Open

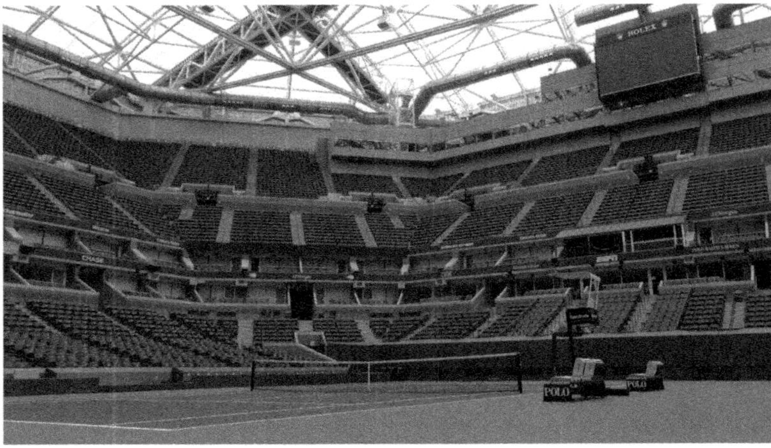

Die Night Sessions bei den US Open sind eine der Hauptattraktionen im Tennisjahr. Ab 19 Uhr sind im Arthur Ashe Stadium, dem größten Tennisstadion der Welt, zwei Spitzenspiele unter Flutlicht angesetzt. Die Tribünen sind dann zumeist bis zum letzten Platz gefüllt, manche Ausrüster schneidern ihren Stars dafür sogar eigene Kollektionen.

„New York, Nachtmatch, eine volle Arena, die irrsten und besten Fans überhaupt – mehr geht nicht im Tennis", beschrieb die sechsmalige Turniersiegerin Serena Williams einst die Faszination der Spätvorstellungen in Flushing Meadows. Manche dauern bis tief in die Nacht: 1993 duellierten sich die Schweden Mats Wilander und Mikael Pernfors bis 2.26 Uhr.

Der Vorläufer der US Open, die US National Singles Championships for Men, wurden 1881 nur vier Jahre nach Wimbledon ins Leben gerufen. Auf den Rasenplätzen des Newport Casinos auf Rhode Island waren zunächst nur Mitglieder US-amerikanischer Tennisclubs teilnahmeberechtigt. Ab 1887 fanden in Philadelphia die US Women's National Singles Championships statt. 1915 wurden beide Turniere, bei denen die Sieger automatisch für das Endspiel im folgenden Jahr gesetzt waren, im West

Side Tennis Club in Forest Hills im New Yorker Ortsteil Queens zu den US National Championships zusammengelegt. Die Anlage mit insgesamt 38 Plätzen blieb – mit Ausnahme eines Ausflugs nach Philadelphia von 1921 bis 1923 – für mehr als ein halbes Jahrhundert der Austragungsort.

1968 wurden aus den US National Championships die US Open. Gespielt wurde bis 1974 auf Rasen, danach dreimal auf grünem Sand (Canada Tenn) 1978 zog das Turnier einige Kilometer weiter ins neue USTA National Tennis Center in Flushing Meadows, ebenfalls Queens. Eigentümer der Anlage ist der US-Verband United States Tennis Association (USTA), der auch die US Open ausrichtet und organisiert.

Seit dem Umzug finden die Spiele auf Hartplätzen statt. 2005 wechselten die Organisatoren von einem durchgehend grünen Untergrund auf ein blaues Feld mit grüner Umrandung. Dadurch soll der Ball besser erkennbar sein. Als Belag wurde bis 2019 Deco Turf verwendet, 2020 erstmals das etwas langsamere Laykold.

Die US Open setzten und setzen noch immer zahlreiche Maßstäbe. 1970 waren sie das erste Major, bei dem mit Tiebreak gespielt wurde. 1973 zahlten sie als erstes Major den Damen das gleiche Preisgeld wie den Herren. 1975 wurde hier das erste Mal bei einem großen Turnier unter Flutlicht gespielt und 2005 der Videobeweis (Hawkeye) getestet. 2020 waren die US Open – wenn auch ohne Zuschauer – das erste Grand-Slam-Turnier nach Ausbruch der Coronapandemie.

Der Center Court in Flushing Meadows ist der größte weltweit: Etwa 23 000 Zuschauer finden auf den Tribünen des 1997 eröffneten Artur Ashe Stadium Platz. Zweitgrößter Platz ist das 2018 neu erbaute Louis Armstrong Stadium für rund 10 000 Zuschauer. Beide Plätze besitzen Schiebedächer. 2016 wurde der neue Grandstand eröffnet, ein Rundbau mit knapp über 8000 Sitzplätzen.

Die US Open sind zudem das Turnier mit dem höchsten Preisgeld überhaupt. 2019 betrug dieses 57,2 Millionen US-Dollar. Die Sieger im Damen- und Herreneinzel erhielten jeweils 3,85 Millionen US-Dollar, die

Finalisten jeweils 1,9 Millionen. 2020 sank das Preisgeld coronabedingt leicht auf 53,4 Millionen.

Rekordsieger seit Beginn der Open Era 1968 sind die US-Amerikaner Jimmy Connors und Pete Sampras sowie der Schweizer Roger Federer mit jeweils fünf Titeln. Connors konnte in den 1970er-Jahren das Turnier auf allen drei Belägen (Rasen, Sand, Hartplatz) gewinnen. Rekordsiegerinnen sind Chris Evert und Serena Williams, ebenfalls USA, mit jeweils sechs Titeln. Stefanie Graf trug sich 1988, 1989, 1993, 1995 und 1996 in die Siegerliste ein. Im Finale stand sie außerdem 1987, 1990 und 1994. Boris Becker gewann das Turnier 1989, Angelique Kerber holte den Titel 2016.

Claudia Kohde-Kilsch entschied 1985 zusammen mit Helena Suková (Tschechoslowakei) die Doppelkonkurrenz zu ihren Gunsten, Philipp Petzschner gewann 2011 mit seinem Partner Jürgen Melzer aus Österreich. Laura Siegemund holte 2016 mit dem Kroaten Mate Pavić den Titel im Mixed und 2020 mit der Russin Vera Svonarjova den im Doppel. Michael Stich (1994) und Alexander Zverev (2020) mussten sich erst im Finale geschlagen geben. Vor der Open Era holten Gottfried von Cramm und Henner Henkel 1937 den Doppeltitel, Edda Buding verlor 1961 mit der Mexikanerin Yolanda Ramírez Ochoa das Doppelfinale.

Siegerliste (Herren)		
1968	Arthur Ashe	USA
1969	Rod Laver	Australien
1970	Ken Rosewall	Australien
1971	Stan Smith	USA
1972	Ilie Năstase	Rumänien
1973	John Newcombe	Australien
1974	Jimmy Connors	USA
1975	Manuel Orantes	Spanien
1976	Jimmy Connors	USA
1977	Guillermo Vilas	Argentinien
1978	Jimmy Connors	USA
1979	John McEnroe	USA
1980	John McEnroe	USA
1981	John McEnroe	USA
1982	Jimmy Connors	USA
1983	Jimmy Connors	USA
1984	John McEnroe	USA
1985	Ivan Lendl	Tschechoslowakei
1986	Ivan Lendl	Tschechoslowakei
1987	Ivan Lendl	Tschechoslowakei
1988	Mats Wilander	Schweden
1989	Boris Becker	Deutschland
1990	Pete Sampras	USA
1991	Stefan Edberg	Schweden
1992	Stefan Edberg	Schweden
1993	Pete Sampras	USA
1994	Andre Agassi	USA
1995	Pete Sampras	USA
1996	Pete Sampras	USA
1997	Patrick Rafter	Australien
1998	Patrick Rafter	Australien
1999	Andre Agassi	USA
2000	Marat Safin	Russland
2001	Lleyton Hewitt	Australien
2002	Pete Sampras	USA
2003	Andy Roddick	USA
2004	Roger Federer	Schweiz
2005	Roger Federer	Schweiz
2006	Roger Federer	Schweiz
2007	Roger Federer	Schweiz
2008	Roger Federer	Schweiz
2009	Juan Martín del Potro	Argentinien
2010	Rafael Nadal	Spanien
2011	Novak Djoković	Serbien
2012	Andy Murray	Großbritannien
2013	Rafael Nadal	Spanien
2014	Marin Čilić	Kroatien
2015	Novak Djoković	Serbien
2016	Stan Wawrinka	Schweiz
2017	Rafael Nadal	Spanien
2018	Novak Djoković	Serbien
2019	Rafael Nadal	Spanien
2020	Dominic Thiem	Österreich

Siegerliste (Damen)		
1968	Virginia Wade	Großbritannien
1969	Margaret Court	Australien
1970	Margaret Court	Australien
1971	Billie Jean King	USA
1972	Billie Jean King	USA
1973	Margaret Court	Australien
1974	Billie Jean King	USA
1975	Chris Evert	USA
1976	Chris Evert	USA
1977	Chris Evert	USA
1978	Chris Evert	USA
1979	Tracy Austin	USA
1980	Chris Evert-Lloyd	USA
1981	Tracy Austin	USA
1982	Chris Evert-Lloyd	USA
1983	Martina Navratilova	USA
1984	Martina Navratilova	USA
1985	Hana Mandlíková	Tschechoslowakei
1986	Martina Navratilova	USA
1987	Martina Navratilova	USA
1988	Stefanie Graf	Deutschland
1989	Stefanie Graf	Deutschland
1990	Gabriela Sabatini	Argentinien
1991	Monica Seleš	Jugoslawien
1992	Monica Seleš	Jugoslawien
1993	Stefanie Graf	Deutschland
1994	Arantxa Sánchez Vicario	Spanien
1995	Stefanie Graf	Deutschland
1996	Stefanie Graf	Deutschland
1997	Martina Hingis	Schweiz
1998	Lindsay Davenport	USA
1999	Serena Williams	USA
2000	Venus Williams	USA
2001	Venus Williams	USA
2002	Serena Williams	USA
2003	Justine Henin-Hardenne	Belgien
2004	Swetlana Kuznetsova	Russland
2005	Kim Clijsters	Belgien
2006	Maria Scharapova	Russland
2007	Justine Henin	Belgien
2008	Serena Williams	USA
2009	Kim Clijsters	Belgien
2010	Kim Clijsters	Belgien
2011	Samantha Stosur	Australien
2012	Serena Williams	USA
2013	Serena Williams	USA
2014	Serena Williams	USA
2015	Flavia Pennetta	Italien
2016	Angelique Kerber	Deutschland
2017	Sloane Stephens	USA
2018	Naomi Ōsaka	Japan
2019	Bianca Andreescu	Kanada
2020	Naomi Ōsaka	Japan

Anmerkungen:

★ Siegerlisten seit Beginn der Open Era.

★ Chris Evert trat von 1979 bis 1987 unter dem Doppelnamen Evert-Lloyd an.

★ Justine Henin trug von 2002 bis 2006 den Doppelnamen Henin-Hardenne.

3.1.5 ATP Finals, WTA Finals

Die ATP Finals bei den Herren und die WTA Finals bei den Damen bilden im November den Saisonabschluss im Profitennis. Sie sind nach den vier Majors die wichtigsten und höchstdotierten Turniere. Der Sieger und die Siegerin gelten als inoffizieller Weltmeister bzw. inoffizielle Weltmeisterin. Besonderheit: Beide Turniere werden nicht im üblichen K.-o.-System ausgetragen, sondern zunächst in zwei Vorrundengruppen à vier Spielern. Danach folgen Überkreuzspiele der Erst- und Zweitplatzierten.

Teilnahmeberichtigt sind die besten acht Einzelspieler und besten acht Doppelpaare der parallel zu den Weltranglisten geführten Racewertungen: dem FedEx ATP Rankings Race to London bzw. Torino bei den Herren und dem Porsche Race to Singapur bzw. Shenzhen bei den Damen. In diesen starten zu Saisonbeginn alle Spieler bei null Punkten. Weitere Besonderheit bei den Herren: Grand-Slam-Sieger im Einzel und Doppel erhalten einen fixen Startplatz, sofern sie im Race nicht schlechter als Platz 20 notiert sind. In diesem Fall würden der achtplatzierte Einzelspieler bzw. das achtplatzierte Doppelpaar herausfallen. Dies ist ein Tribut an den letzmals 1999 ausgetragenen Grand Slam Cup.

Das Saisonabschlussturnier bei den Herren existiert seit 1970 und trug bislang verschiedene Namen: Masters (bis 1989), ATP Tour World Championships (1990 bis 1999), Masters Cup (2000 bis 2008) und ATP World Tour Finals (2009 bis 2016). Seit 2017 heißt es kurz und bündig ATP Finals. Nach sieben verschiedenen Standorten fand das Turnier 1977 im New Yorker Madison Square Garden ein festes Zuhause. Von 1990 bis 1999 wurde es in Deutschland ausgetragen, zunächst sechs Jahre lang in der Frankfurter Festhalle, danach vier Jahre in der Messehalle 2 in Hannover. 1997 wurde von Teppichboden auf Hartplatz umgestellt.

Seit 1990 gibt es für die Teilnehmer auch Weltranglistenpunkte, aktuell sind es 200 für jeden Sieg in der Gruppenphase, weitere 400 für den Sieg im Halbfinale und 500 für den Turniersieg. Markenzeichen des Turniers war über viele Jahre hinweg der Hallenboden, auf dem lediglich die Linien für das Einzel aufgebracht waren.

Nachdem im Jahr 2000 der eingestellte Grand Slam Cup integriert wurde, firmierte das Turnier unter dem Namen Tennis Masters Cup und ging – wie in seinen Anfangsjahren – auf Wanderschaft. Es machte Station in Lissabon, Sydney, Shanghai und Houston. „Für sich genommen mögen es mehr oder weniger gelungene Veranstaltungen gewesen sein, aber es fehlte das Masters-Gefühl", kritisierte das *Tennis Magazin*. Erst 2005 wurde das Turnier in Shanghai wieder fest ansässig. 2009 zog es in die O_2 Arena nach London um und änderte seinen Namen in ATP World Tour Finals. Ab 2021 wird es in Turin ausgetragen.

Rekordsieger ist der Schweizer Roger Federer mit sechs Titeln. Boris Becker gewann 1988, 1992 und 1995, fünfmal musste er sich im Endspiel geschlagen geben. Michael Stich holte den Titel 1993, Alexander Zverev 2018.

Die ATP Finals im Doppel fanden über Jahre hinweg in anderen Städten oder im Anschluss an die Einzelturniere statt. Erst seit 2003 werden beide Formate zeitgleich an einem Ort ausgetragen. Deutsche Doppelspieler konnten sich bisher nicht in die Siegerliste eintragen.

Etwas komplizierter ist die Historie bei den Damen. Saisonabschlussturniere des Virginia-Slims-Circuits wurden ab 1972 ausgetragen, zunächst am Jahresende, ab 1975 im März. Erstmals im November 1977 gab es in Palm Springs/Kalifornien ein weiteres Abschlussturnier des Grand-Prix-Circuits. Nach der Verschmelzung beider Turnierserien 1983 findet nur noch ein Abschlussturnier statt, bis 2000 ausschließlich im Madison Square Garden in New York. Danach gab es mit der Olympiahalle in München (2001), Los Angeles (2002 bis 2005), Madrid (2006, 2007), Doha (2008 bis 2010), Istanbul (2011 bis 2013), Singapur (2014 bis 2018) und Shenzhen/China (seit 2019) wechselnde Austragungsorte.

2003 wurde vom K.-o.-System analog zum Saisonfinale der Herren auf Gruppenspiele mit anschließendem Halbfinale und Finale umgestellt. Bis

2013 hieß das Turnier WTA Championships, seither trägt es die heutige Bezeichnung WTA Finals. Die Auflage 2020 fiel der Coronapandemie zum Opfer. In der Gruppenphase gibt es für jeden Sieg 250 Weltranglistenpunkte, im Halbfinale zusätzlich 330 und im Endspiel 750.

Rekordsiegerin ist Martina Navrátilová (Tschechoslowakei/USA) mit zehn Titeln, 1979 gewann sie die Abschlussturniere beider Serien, 1986 gewann sie ebenfalls doppelt, da das Turnier wegen Änderungen im Saisonkalender zweimal stattfand. Stefanie Graf siegte 1987, 1989, 1993, 1995 und 1996, Sylvia Hanika 1982. Anke Huber unterlag 1995 in einem rein deutschen Finale Stefanie Graf, Angelique Kerber musste sich 2016 ebenfalls erst im Endspiel geschlagen geben. Im Doppel scheiterte Claudia Kohde-Kilsch von 1983 bis 1987 fünfmal erst im Finale, viermal mit Helena Suková (Tschechoslowakei), einmal mit ihrer deutschen Partnerin Eva Pfaff.

Siegerliste (ATP Finals)		
1970	Stan Smith	USA
1971	Ilie Năstase	Rumänien
1972	Ilie Năstase	Rumänien
1973	Ilie Năstase	Rumänien
1974	Guilllermo Vilas	Argentinien
1975	Ilie Năstase	Rumänien
1976	Manuel Orantes	Spanien
1977	Jimmy Connors	USA
1978	John McEnroe	USA
1979	Björn Borg	Schweden
1980	Björn Borg	Schweden
1981	Ivan Lendl	Tschechoslowakei
1982	Ivan Lendl	Tschechoslowakei
1983	John McEnroe	USA
1984	John McEnroe	USA
1985	Ivan Lendl	Tschechoslowakei
1986	Ivan Lendl	Tschechoslowakei
1987	Ivan Lendl	Tschechoslowakei
1988	Boris Becker	Deutschland
1989	Stefan Edberg	Schweden
1990	Andre Agassi	USA
1991	Pete Sampras	USA
1992	Boris Becker	Deutschland
1993	Michael Stich	Deutschland
1994	Pete Sampras	USA
1995	Boris Becker	Deutschland
1996	Pete Sampras	USA
1997	Pete Sampras	USA
1998	Alex Corretja	Spanien
1999	Pete Sampras	USA
2000	Gustavo Kuerten	Brasilien
2001	Lleyton Hewitt	Australien
2002	Lleyton Hewitt	Australien
2003	Roger Federer	Schweiz
2004	Roger Federer	Schweiz
2005	David Nalbandian	Argentinien
2006	Roger Federer	Schweiz
2007	Roger Federer	Schweiz
2008	Novak Djoković	Serbien
2009	Nikolaj Davydenko	Russland
2010	Roger Federer	Schweiz
2011	Roger Federer	Schweiz
2012	Novak Djoković	Serbien
2013	Novak Djoković	Serbien
2014	Novak Djoković	Serbien
2015	Novak Djoković	Serbien
2016	Andy Murray	Großbritannien
2017	Grigor Dimitrov	Bulgarien
2018	Alexander Zverev	Deutschland
2019	Stefanos Tsitsipas	Griechenland
2020	Daniil Medvedev	Russland

Anmerkungen zu Seite 79:

★ Evonne Goolagong spielte ab 1975 unter dem Doppelnamen Goolagong Cawley.

★ Von 1977 bis 1982 wurden zwei verschiedene Saisonabschlussturniere ausgetragen.

★ Martina Navrátilová erhielt 1981 die US-Staatsbürgerschaft.

★ 1986 wurde das Turnier wegen Änderungen im Saisonkalender zweimal ausgetragen (im März und im November).

★ Justine Henin trug von 2002 bis 2006 den Doppelnamen Henin-Hardenne.

Siegerliste (WTA Finals)		
1972	Chris Evert	USA
1973	Chris Evert	USA
1974	Evonne Goolagong	Australien
1975	Chris Evert	USA
1976	Evonne Goolagong Cawley	Australien
1977	Chris Evert	USA
1977	Chris Evert	USA
1978	Martina Navrátilová	Tschechoslowakei
1978	Chris Evert	USA
1979	Martina Navrátilová	Tschechoslowakei
1979	Martina Navrátilová	Tschechoslowakei
1980	Tracy Austin	USA
1980	Tracy Austin	USA
1981	Martina Navratilova	USA
1981	Tracy Austin	USA
1982	Sylvia Hanika	Deutschland
1982	Martina Navratilova	USA
1983	Martina Navratilova	USA
1984	Martina Navratilova	USA
1985	Martina Navratilova	USA
1986	Martina Navratilova	USA
1986	Martina Navratilova	USA
1987	Stefanie Graf	Deutschland
1988	Gabriela Sabatini	Argentinien
1989	Stefanie Graf	Deutschland
1990	Monica Seleš	Jugoslawien
1991	Monica Seleš	Jugoslawien
1992	Monica Seleš	Jugoslawien
1993	Stefanie Graf	Deutschland
1994	Gabriela Sabatini	Argentinien
1995	Stefanie Graf	Deutschland
1996	Stefanie Graf	Deutschland
1997	Jana Novotná	Tschechien
1998	Martina Hingis	Schweiz
1999	Lindsay Davenport	USA
2000	Martina Hingis	Schweiz
2001	Serena Williams	USA
2002	Kim Clijsters	Belgien
2003	Kim Clijsters	Belgien
2004	Maria Scharapova	Russland
2005	Amélie Mauresmo	Frankreich
2006	Justine Henin-Hardenne	Belgien
2007	Justine Henin	Belgien
2008	Venus Williams	USA
2009	Serena Williams	USA
2010	Kim Clijsters	Belgien
2011	Petra Kvitová	Tschechien
2012	Serena Williams	USA
2013	Serena Williams	USA
2014	Serena Williams	USA
2015	Agnieszka Radwańska	Polen
2016	Dominika Cibulková	Slowakei
2017	Caroline Wozniacki	Dänemark
2018	Elina Switolina	Ukraine
2019	Ashleigh Barty	Australien

3.1.6 Next Gen ATP Finals, WTA Elite Trophy

Zu den jüngsten Veranstaltungen im Turnierkalender gehören die Next Gen ATP Finals bei den Herren und die WTA Elite Trophy bei den Damen. Diese sind jeweils in der Woche vor oder nach den ATP Finals bzw. WTA Finals angesetzt. Die Next Gen ATP Finals gibt es seit 2017. Sie sind, wie es der Name Next Gen als Kurzform von Next Generation sagt, der Saisonabschluss für die besten Jungprofis bis 21 Jahre.

Qualifiziert sind die sieben in der Wertung Race to Milan bestplatzierten Spieler, der achte Startplatz wird per Wildcard vergeben. Gespielt wird auf Hartplatz in zwei Vierergruppen mit anschließendem Halbfinale und Finale. Das Preisgeld beträgt 1,4 Millionen US-Dollar, 0,25 Millionen erhält der Sieger. Weltranglistenpunkte werden nicht vergeben.

Austragungsort war bisher stets Mailand. Das Turnier dient auch als Experimentierfeld für neue Regeln, etwa Sätze nur bis vier Spiele und Tiebreak beim Stand von 3:3. Den Titel holten sich 2017 Chung Hyeon (Südkorea), 2018 Stefanos Tsitsipas (Griechenland) und 2019 Jannik Sinner (Italien).

Die WTA Elite Trophy gibt es seit 2009. Bis 2014 hieß das Turnier WTA Tournament of Champions. Qualifiziert sind die in der Racewertung elf bestplatzierten Spielerinnen, die nicht bei den WTA Finals an den Start gehen, in der Regel also die Spielerinnen auf den Plätzen neun bis 19. Der zwölfte Startplatz wird per Wildcard vergeben. Gespielt wird auf Hartplatz in vier Dreiergruppen mit anschließendem Halbfinale und Finale. Am Doppelwettbewerb nehmen nach den gleichen Qualifikationskriterien sechs Paare teil, gespielt wird in zwei Dreiergruppen mit anschließendem Finale.

Das Preisgeld beträgt 2,42 Millionen US-Dollar, die Einzelsiegerin erhält bis zu 0,72 Millionen und 460 Weltranglistenpunkte. Das Turnier fand von 2009 bis 2011 auf der indonesischen Insel Bali statt, von 2012 bis 2014 in Sofia und seither im südchinesischen Zhuhai. Die Auflage 2020 fiel der Coronapandemie zum Opfer. 2017 trug sich Julia Görges in die Siegerliste ein.

3.1.7 ATP Champions Tour

1997 wurde von der Spielervereinigung ATP die Champions Tour für ehemalige Profis gegründet. Teilnahmeberechtigt sind ehemalige Majorsieger und -finalisten, ehemalige Spitzenreiter der Weltrangliste oder Einzelspieler eines Davis-Cup-Gewinnerteams, wenn sie 35 Jahre oder älter sind oder ihre Profikarriere beendet haben. Jährlich werden weltweit fünf bis zehn Turniere mit jeweils acht Teilnehmern ausgetragen (Gruppenspiele mit anschließender K.-o.-Phase), bei denen die Veranstalter auch zwei Wildcards an Spieler vergeben dürfen, die nicht die Kriterien erfüllen.

Auf den Siegerlisten finden sich frühere Stars wie John McEnroe, Björn Borg, Boris Becker, Stefan Edberg, Thomas Muster oder Goran Ivanišević. Die ATP beschreibt die Champions Tour als „Treffpunkt der größten Tennisspieler der Geschichte bei nostalgischen, leistungsstarken und unterhaltsamen Turnieren in attraktiven Anlagen weltweit". Eine solche ist beispielsweise die geschichtsträchtige Royal Albert Hall in London oder der Rasenplatz vor Schloss Svaneholm nahe Malmö.

Letztmals 2008 am Hamburger Rothenbaum fand ein Turnier der ATP Champions Tour in Deutschland statt. Bis einschließlich 2016 wurde am Jahresende ein Toursieger gekürt, der siebenmal John McEnroe hieß.

3.1.8 Olympische Spiele

64 Jahre lang fanden keine Tenniswettbewerbe bei Olympischen Spielen statt. Nach den Sommerspielen 1924 in Paris wurde die Sportart vom IOC aus dem Programm gestrichen, weil Tennisspieler nachweislich für Geld angetreten waren – ein Verstoß gegen die IOC-Richtlinien.

Der Weltverband ILTF ging nicht ernsthaft gegen die Entscheidung vor, weil er die Olympiaturniere ohnehin als Konkurrenz für seine vier Majors ansah. Demonstrationsspiele bei Olympia 1968 in Mexiko-City konnten die IOC-Bosse nicht von der Wiederaufnahme überzeugen. Mehr Anklang fanden die Demonstrationswettbewerbe für Spieler unter 21 Jahren 1984 in Los Angeles, die der damals 18-jährige Schwede Stefan Edberg und die erst 15-jährige Stefanie Graf für sich entscheiden konnten.

Ab 1988 war Tennis mit Einzel und Doppel für Damen und Herren wieder olympisch, Stefanie Graf machte in Seoul den ersten und bis heute einzigen Golden Slam der Tennisgeschichte perfekt – vor Olympiagold hatte sie in diesem Jahr alle vier Grand-Slam-Turniere gewonnen. Mit Claudia Kohde-Kilsch holte sie in der südkoreanischen Hauptstadt zudem Bronze im Doppel. Vier Jahre später in Barcelona musste sich Stefanie Graf im Finale der US-Amerikanerin Jennifer Capriati geschlagen geben. Boris Becker und Michael Stich gewannen in diesem Jahr Gold im Doppel.

Die Silbermedaille sicherten sich Tommy Haas 2002 in Sydney, das Doppel Rainer Schüttler und Nicolas Kiefer 2004 in Athen sowie Angelique Kerber 2016 in Rio de Janeiro. Bronze gewann 1996 in Atlanta das Doppel Marc-Kevin Goellner und David Prinosil.

Schon vor dem Olympiaaus holten sich deutsche Spieler zahlreiche Medaillen. Bei den ersten Olympischen Spielen der Neuzeit 1896 in Athen wurde Friedrich Adolf Traun an der Seite des Briten John Pius Boland Olympiasieger im Doppel. Silber gewannen Otto Froitzheim 1908 in London und Dora Köring 1912 in Stockholm, im gleichen Jahr sicherte sich Oscar Kreuzer Bronze.

1908 und 1912 wurden Olympiasieger sowohl im Freien als auch in der Halle ermittelt. Erst 2012 in London fand nach 88 Jahren das Mixed Wiederaufnahme ins olympische Programm.

Siegerliste (Herren)		
1896	John Pius Boland	Großbritannien
1900	Laurence Doherty	Großbritannien
1904	Beals Wright	USA
1908	Josiah Ritchie	Großbritannien
1908	Arthur Gore	Großbritannien
1912	Charles Winslow	Südafrika
1912	André Gobert	Frankreich
1920	Louis Raymond	Südafrika
1924	Vincent Richards	USA
1988	Miloslav Mečíř	Tschechoslowakei
1992	Marc Rosset	Schweiz
1996	Andre Agassi	USA
2000	Jewgeni Kafelnikov	Russland
2004	Nicolás Massú	Chile
2008	Rafael Nadal	Spanien
2012	Andy Murray	Großbritannien
2016	Andy Murray	Großbritannien

Siegerliste (Damen)		
1900	Charlotte Cooper	Großbritannien
1908	Dorothea Douglass	Großbritannien
1908	Gwendoline Eastlake-Smith	Großbritannien
1912	Marguerite Broquedis	Frankreich
1912	Edith Hannam	Großbritannien
1920	Suzanne Lenglen	Frankreich
1924	Helen Wills Moody	USA
1988	Stefanie Graf	Deutschland
1992	Jennifer Capriati	USA
1996	Lindsay Davenport	USA
2000	Venus Williams	USA
2004	Justine Henin	Belgien
2008	Jelena Dementjewa	Russland
2012	Serena Williams	USA
2016	Mónica Puig	Puerto Rico

Anmerkung:

★ 1908 und 1912 wurden Olympiasieger in der Halle und im Freien ermittelt.

3.2 MANNSCHAFTSWETTBEWERBE

3.2.1 Davis Cup

Der bekannteste, bedeutendste und traditionsreichste Mannschaftswettbewerb im Tennis ist der Davis Cup. Dessen Wurzeln reichen ins Jahr 1899 zurück. Damals entwickelten Studenten der US-amerikanischen Harvard University die Idee, Großbritannien, das Mutterland des Tennis, zu einem Wettkampf herauszufordern. Einer von ihnen war Dwight F. Davis, der ein Spielformat mit vier Einzeln und einem Doppel an einem Wochenende entwickelte und bei einem Juwelier in Boston für 1.000 US-Dollar einen Silberpokal für den Sieger in Auftrag gab.

Nach dem Okay des US-Verbandes USNLTA und der British Lawn Tennis Association standen sich ein Jahr später, im August 1900, drei US-Amerikaner und drei Briten im Longwood Cricket Club von Boston zur International Lawn Tennis Challenge gegenüber. Nach einer 3:0-Führung der Gastgeber, zu der Dwight F. Davis Siege in Einzel und Doppel beigesteuert hatte, gaben die Briten auf. Die zweite Auflage zwei Jahre später in Brooklyn/New York entschieden die US-Amerikaner mit 3:2 ebenfalls für sich. 1903 revanchierten sich die Briten mit einem 4:1.

Im Sommer 1904 fand die International Lawn Tennis Challenge erstmals außerhalb der USA in London-Wimbledon statt. Belgien und Frankreich ermittelten den Herausforderer des Titelverteidigers, das US-Team trat die weite Reise nach Europa nicht an. 1905 erweiterten Österreich und Australasien, ein kombiniertes Team von Australien und Neuseeland, das Teilnehmerfeld.

1913 debütierte die deutsche Mannschaft. Ohne den verletzten Otto Froitzheim, den Star der damaligen Zeit, besiegten Oscar Kreuzer, Friedrich Wilhelm Rahe und Heinrich Kleinschroth im Viertelfinale Frankreich auf Sand in Wiesbaden 4:1 – es war das erste Davis-Cup-Spiel, das nicht auf Rasen stattfand. In der nächsten Runde musste sich das deutsche Team, diesmal mit Froitzheim, den USA auf Rasen 0:5 geschlagen geben.

Weitere historische Meilensteine: 1923 wurde das Teilnehmerfeld in eine Europagruppe und Amerikagruppe aufgeteilt, damals mit 13 bzw. vier Nationen. 1946 trug der Wettbewerb erstmals offiziell den Namen Davis Cup, benannt nach dem Pokalstifter. 1952 kam der Osten als dritte Gruppe hinzu. Ab 1972 war der Titelverteidiger nicht mehr automatisch für das Finale des Folgejahres qualifiziert und erst ab 1973 waren Profis zugelassen.

Nachdem das Teilnehmerfeld inzwischen auf über 50 Nationen angewachsen war, wurde 1981 die Weltgruppe mit den besten 16 Mannschaften sowie Auf- und Abstieg eingeführt. Die Regelung, nach der im Davis Cup Bonuspunkte für die ATP-Weltrangliste erspielt werden konnten, wurde 2016 abgeschafft.

Für das Jahr 2019 beschloss der Weltverband ITF eine umstrittene Reform des traditionsreichen Wettbewerbs. Viertel-, Halbfinale und Finale mit wechselndem Heimrecht und freier Wahl des Belages, die über Jahrzehnte hinweg den Reiz des Davis Cups ausgemacht hatten, wurden durch ein einwöchiges Finalturnier mit 18 Mannschaften ersetzt, das im November als Saisonabschluss noch nach den ATP Finals ausgetragen wurde (zunächst vier Gruppen à drei Teams, danach K.-o.-Spiele).

Statt vier wurden nur noch zwei Einzel gespielt. Sechs Teilnehmer waren für das Finalturnier gesetzt (die vier Halbfinalisten des Vorjahres plus zwei Teams mit Wildcard), zwölf weitere wurden in einer Qualifikationsrunde ermittelt, die in bewährter Manier mit Heim- und Auswärtsmannschaft sowie vier Einzeln und einem Doppel an einem Wochenende ausgetragen wurde.

Die Reform erfolgte auf Wunsch der Investorengruppe Kosmos um den spanischen Fußballweltmeister Gerard Piqué, die mit dem Weltverband ITF einen mit drei Milliarden US-Dollar dotierten Vertrag über 25 Jahre abgeschlossen hatte. Die Premiere der neuen Finalrunde auf der Anlage

Caja Mágica in Madrid verlief enttäuschend. Die Spiele waren größtenteils schwach besucht und dauerten bis tief in die Nacht. Die Finalrunde des Jahres 2020 wurde aufgrund der Coronapandemie auf 2021 verlegt.

Davis-Cup-Rekordsieger sind die USA mit 32 Titeln. Deutschland trug sich dreimal in die Siegerliste ein, erstmals 1988. Wenige Tage vor Weihnachten bezwangen Boris Becker, Carl-Uwe Steeb, Eric Jelen und Patrik Kühnen im Finale die gastgebenden Schweden in Göteborg auf Sand 4:1. Nur ein Jahr zuvor hatte die Mannschaft von Kapitän Nikola Pilić mit einem 3:2-Sieg in den USA, der als „die Schlacht von Hartford" in die Geschichte eingehen sollte, den Abstieg aus der Weltgruppe vermieden.

1989 konnte das deutsche Team in unveränderter Besetzung den Titel verteidigen. Auf Teppich in der Stuttgarter Hanns-Martin-Schleyer-Halle wurde abermals Schweden bezwungen, diesmal mit 3:2. Der dritte Triumph gelang 1993 mit einem 4:1-Finalsieg auf Sand in der Düsseldorfer Messehalle gegen Australien. Michael Stich, Marc-Kevin Goellner, Patrik Kühnen und Ersatzmann Bernd Karbacher bildeten das Siegerteam. 1970 (0:5 in den USA) und 1985 (2:3 in München gegen Schweden) musste sich die deutsche Mannschaft im Finale geschlagen geben.

Siegerliste	
1900	USA
1902	USA
1903	Britische Inseln
1904	Britische Inseln
1905	Britische Inseln
1906	Britische Inseln
1907	Australasien
1908	Australasien
1909	Australasien
1911	Australasien
1912	Britische Inseln
1913	USA
1914	Australasien
1919	Australasien
1920	USA
1921	USA
1922	USA
1923	USA
1924	USA
1925	USA
1926	USA
1927	Frankreich
1928	Frankreich
1929	Frankreich
1930	Frankreich
1931	Frankreich
1932	Frankreich
1933	Großbritannien
1934	Großbritannien
1935	Großbritannien
1936	Großbritannien
1937	USA
1938	USA
1939	Australien
1946	USA

1947	USA
1948	USA
1949	USA
1950	Australien
1951	Australien
1952	Australien
1953	Australien
1954	USA
1955	Australien
1956	Australien
1957	Australien
1958	USA
1959	Australien
1960	Australien
1961	Australien
1962	Australien
1963	USA
1964	Australien
1965	Australien
1966	Australien
1967	Australien
1968	USA
1969	USA
1970	USA
1971	USA
1972	USA
1973	Australien
1974	Südafrika
1975	Schweden
1976	Italien
1977	Australien
1978	USA
1979	USA
1980	Tschechoslowakei
1981	USA
1982	USA
1983	Australien
1984	Schweden
1985	Schweden
1986	Australien
1987	Schweden
1988	Deutschland
1989	Deutschland
1990	USA
1991	Frankreich
1992	USA
1993	Deutschland
1994	Schweden
1995	USA
1996	Frankreich
1997	Schweden
1998	Schweden
1999	Australien
2000	Spanien
2001	Frankreich
2002	Russland
2003	Australien
2004	Spanien
2005	Kroatien
2006	Russland
2007	USA
2008	Spanien
2009	Spanien
2010	Serbien
2011	Spanien
2012	Tschechien
2013	Tschechien
2014	Schweiz
2015	Großbritannien
2016	Argentinien
2017	Frankreich
2018	Kroatien
2019	Spanien

Anmerkungen:

- ★ Australien und Neuseeland bildeten von 1905 bis 1922 eine gemeinsame Mannschaft unter dem Namen Australasien.
- ★ Großbritannien nahm bis 1912 unter der Bezeichnung Britische Inseln am Wettbewerb teil, da auch Spieler aus Irland zum Team gehörten.

3.2.2 Billie Jean King Cup

Das Pendant zum Davis Cup bildet bei den Damen der Billie Jean King Cup. Bis einschließlich 1994 hieß der Wettbewerb Federation Cup, dann wurde der Name in Fed Cup gekürzt. Zur Saison 2021 wurde er in Billie Jean King Cup umbenannt. Damit sollen die Verdienste der ehemaligen Weltklassespielerin, die mit dem US-Team siebenmal den Titel gewinnen konnte, im Kampf um die Gleichberechtigung des Damentennis in den 1970er-Jahren gewürdigt werden.

Als Keimzelle des Billie Jean King Cups gilt der erstmals 1923 und dann bis einschließlich 1989 ausgetragene Wightman Cup, bei dem sich Jahr für Jahr mit wechselndem Heimrecht die Damenmannschaften der USA und von Großbritannien gegenüberstanden (die USA gewannen 51 der 61 Auflagen).

Anfang der 1960er-Jahre überzeugten die Australierin Nell Hopman, Ehefrau von Davis-Cup-Kapitän Harry Hopman, und die Britin Mary Hardwick den Weltverband ILTF, ein Turnier für alle Nationen auszurichten. Und so fand im Juni 1963 im Londoner Queen's Club die Premiere des Federation Cups mit 16 Teilnehmern statt.

Im Finale bezwangen die US-Amerikanerinnen das australische Team nach zwei Einzeln und einem Doppel mit 2:1. Die deutsche Mannschaft mit Edda Buding, Margot Dittmeyer und Renate Ostermann blieb im Achtelfinale mit 1:2 gegen Frankreich auf der Strecke.

Im Laufe der Jahre wuchs das Teilnehmerfeld immer weiter an, sodass 1976 erstmals Qualifikationsspiele für die 32 Teams umfassende Endrunde durchgeführt werden mussten.

Zur großen Reform kam es 1995: Neben dem Namen wurde auch das Format geändert und dem Davis Cup der Herren angeglichen. Die Endrunde an einem Ort wurde durch K.-o.-Spiele der besten acht Teams (Weltgruppe 1) mit wechselndem Heimrecht an drei Wochenenden im Jahr ersetzt. Statt zwei wurden nun vier Einzel ausgetragen, das Doppel blieb als abschließende Partie erhalten. Die Verlierer der ersten K.-o.-Runde mussten ihren Platz in der Weltgruppe 1 gegen die vier Gewinner der rangtieferen Weltgruppe 2 verteidigen. Als Unterbau wurden drei Zonen (Europa/Afrika, Amerika, Asien/Ozeanien) geschaffen.

Eine weitere Reform wurde für die Saison 2020 beschlossen. 16 Teams bestritten im Februar K.-o.-Spiele für das Finalturnier im April, für das die beiden Vorjahresfinalisten, die Gastgebernation (in diesem Fall Ungarn) und ein weiteres Team per Wildcard gesetzt waren. Die in Budapest geplante Premiere des Finalturniers fiel der Coronapandemie zum Opfer. Weltranglistenpunkte werden beim Billie Jean King Cup seit jeher nicht vergeben.

Rekordsieger sind die USA mit 18 Titeln. Deutschland trug sich 1987 und 1992 in die Siegerliste ein. 1987 in Vancouver bezwangen Stefanie Graf und Claudia Kohde-Kilsch im Finale das US-Team 2:1, in den Spielen zuvor kamen auch Bettina Bunge und Silke Meier zum Einsatz. Fünf Jahre später auf der Tennisanlage am Frankfurter Waldstadion besiegten Stefanie Graf und Anke Huber die Mannschaft Spaniens ebenfalls mit 2:1, Barbara Rittner und Sabine Hack komplettierten im Doppel das Team. Bundestrainer war bei beiden Erfolgen Klaus Hofsäss.

Siegerliste					
		1976	USA	1990	USA
1963	Südafrika	1977	USA	1991	Spanien
1964	Australien	1978	USA	1992	Deutschland
1965	Australien	1979	USA	1993	Spanien
1966	Südafrika	1980	USA	1994	Spanien
1967	Südafrika	1981	USA	1995	Spanien
1968	Australien	1982	USA	1996	USA
1969	USA	1983	Tschechoslowakei	1997	Frankreich
1970	Australien	1984	Tschechoslowakei	1998	Spanien
1971	Australien	1985	Tschechoslowakei	1999	USA
1972	Südafrika	1986	USA	2000	USA
1973	Australien	1987	Deutschland	2001	Belgien
1974	Australien	1988	Tschechoslowakei	2002	Slowakei
1975	Tschechoslowakei	1989	USA	2003	Frankreich

2004	Russland
2005	Russland
2006	Italien
2007	Russland
2008	Russland
2009	Italien
2010	Italien
2011	Tschechien
2012	Tschechien
2013	Italien
2014	Tschechien
2015	Tschechien
2016	Tschechien
2017	USA
2018	Tschechien
2019	Frankreich

3.2.3 Hopman Cup

Der Hopman Cup ist der dritte Nationenwettbewerb des Weltverbandes ITF. Das Hartplatzturnier, das seit 1989 in Perth im Vorfeld der Australian Open ausgetragen wird und bei dem keine Weltranglistenpunkte vergeben werden, steht klar im Schatten von Davis Cup und Billie Jean King Cup.

Gespielt werden ein Damen- und ein Herreneinzel sowie ein Mixed. Das Turnier ist benannt nach dem Australier Harry Hopman, der zwischen 1929 und 1939 sechsmal die Australian Open im Doppel und Mixed sowie einmal die US Open im Mixed gewinnen konnte. Später führte Hopman sein Heimatland als Teamkapitän zu 16 Titeln im Davis Cup.

Austragungsort war von 1989 bis 2012 der Burswood Dome mit 8000 Zuschauerplätzen, seither ist es die 14 000 Besucher fassende Perth Arena, eine Multifunktionshalle mit mobilem Dach.

2006 wurde beim Hopman Cup das Hawkeye-Challenge-System erstmals auf höchster Turnierebene genutzt. Erfolgreichste Nation sind die USA mit sechs Titeln (1997, 2003, 2004, 2006, 2008, 2011). Das deutsche Team gewann 1993 mit Michael Stich und Stefanie Graf sowie 1995 mit Boris Becker und Anke Huber. 2018 und 2019 erreichten Alexander Zverev und Angelique Kerber das Finale, verloren aber beide Male 1:2 gegen die Schweiz mit Roger Federer und Belinda Bencic.

Nach Einführung des neuen ATP Cups fand sich 2020 im Turnierkalender kein Platz für den Hopman Cup. Seine Zukunft ist fraglich.

3.2.4 Laver Cup

Vorbild des 2017 erstmals ausgetragenen Laver Cups ist der Ryder Cup im Golf, ein seit 1927 stattfindendes Mannschaftsturnier zwischen den besten Spielern Europas und denen der USA. Im Laver Cup treten sechs Europäer gegen sechs Profis aus dem Rest der Welt an. Wie im Ryder Cup rotiert der Austragungsort zwischen den beiden Konkurrenten. Die Premiere fand 2017 in Prag statt, 2018 ging der Laver Cup in Chicago über die Bühne, 2019 in Genf. Für 2020 war er in Boston geplant, musste jedoch wegen der Coronapandemie verschoben werden.

Initiator des Einladungsturniers ist Team 8, die Vermarktungsagentur von Roger Federer und Alexander Zverev. Benannt wurde es nach dem australischen Tennisidol Rod Laver, der als einziger Spieler zweimal den Grand Slam gewinnen konnte (1962, 1969). Die früheren Stars Björn Borg (Schweden) und John McEnroe (USA) konnten als Kapitäne für Team Europa bzw. Team World gewonnen werden. Nominiert werden die jeweils vier in der Weltrangliste bestplatzierten Spieler, zwei weitere Spieler pro Team werden von den Kapitänen berufen.

Sie alle erhalten eine Antrittsprämie im mittleren sechsstelligen US-Dollarbereich, hinzukommen 250.000 US-Dollar Prämie für jeden Spieler des Siegerteams. Roger Federer (Schweiz), Alexander Zverev (Deutschland), John Isner, Jack Sock (beide USA) und Nick Kyrgios (Australien) waren bei den ersten drei Auflagen, die alle von Team Europa gewonnen wurden, stets dabei.

Gespielt werden über drei Tage verteilt zwölf Partien (neun Einzel, drei Doppel). Besonderheit: Am ersten Tag wird ein Sieg mit einem Punkt gewertet, am zweiten Tag mit zwei und am dritten Tag mit drei. Jeder Spieler muss mindestens einmal, darf aber maximal zweimal im Einzel und Doppel eingesetzt werden. Alle Partien werden mit zwei Gewinnsätzen ausgetragen, bei Satzausgleich kommt ein Match-Tiebreak zur Anwendung.

Seit 2019 ist der Laver Cup ein offizielles Turnier im Rahmen der ATP Tour, Weltranglistenpunkte werden aber nicht vergeben.

3.2.5 ATP Cup

Der ATP Cup ist der jüngste Mannschaftswettbewerb. Er wurde von der Spielervereinigung ATP als Reaktion auf die umstrittene Reform des Davis Cups ins Leben gerufen. Als besonderer Anreiz werden Weltranglistenpunkte (maximal 750 in der Einzel- und maximal 250 in der Doppelwertung) vergeben. Als Vorlage diente der World Team Cup, der von 1978 bis 2012 im Düsseldorfer Rochusclub ausgetragen wurde. Die Gastgebernation ist automatisch qualifiziert, die weiteren 23 teilnehmenden Nationen werden über die Weltranglistenplatzierung ihres Topspielers ermittelt.

Die Vorrunde findet in sechs Gruppen à vier Mannschaften statt, die sechs Gruppensieger und die zwei besten Gruppenzweiten qualifizieren sich für die K.-o.-Runde. Ausgetragen werden zwei Einzel zwischen den jeweils besten und den zweitbesten Spielern einer Nation, danach folgt ein Doppel.

Seine Premiere feierte der ATP Cup im Januar 2020 im Vorfeld der Australian Open. Austragungsorte waren Brisbane, Perth und Sydney. Die deutsche Mannschaft blieb bereits in der Gruppenphase auf der Strecke. Premierensieger wurde Serbien mit einem 2:1-Finalsieg gegen Spanien.

3.3 TURNIERE UND WETTBEWERBE IN DEUTSCHLAND

3.3.1 Porsche Tennis Grand Prix in Stuttgart

Das Damenturnier wird seit 1978 ausgetragen: zunächst bis 2005 auf Teppichboden in der Tennishalle von Filderstadt, seit 2006 in der neu erbauten Porsche Arena in Stuttgart. Ein Teil der Spiele findet in der benachbarten Hanns-Martin-Schleyer-Halle statt.

Eine weitere Zäsur gab es 2009, als das Turnier vom Herbst auf Ende April vorverlegt und der Belag gewechselt wurde. Seither ist der Porsche Tennis Grand Prix das einzige Sandplatzturnier der WTA Tour in einer Halle. Weitere Besonderheit: Die Siegerin erhält neben 110.000 US-Dollar Preisgeld auch einen neuen Porsche-Sportwagen.

Obwohl das Turnier nur zur zweithöchsten Kategorie WTA 500 gehört, schlägt jedes Frühjahr nahezu die komplette Weltelite in Stuttgart auf. Turnierdirektor ist der Schweizer Markus Günthardt, als Sportliche Leiterin steht ihm Anke Huber zur Seite.

Rekordsiegerin ist die Russin Maria Scharapova mit drei Titeln (2012, 2013, 2014). Zweimal konnte Angelique Kerber gewinnen (2015, 2016), je einmal Julia Görges (2011) und Laura Siegemund (2017).

3.3.2 BMW Open in München

Die Internationalen Tennismeisterschaften von Bayern gab es erstmals im Jahr 1900. Seit 1988 trägt das Münchner Sandplatzturnier auf der Vereinsanlage des MTTC Iphitos am nördlichen Rand des Englischen Gartens den Namen des ortsansässigen Autobauers BMW. Zuvor trat Ende der 1970er-Jahre schon mal der Schuhhersteller Romika als Titelsponsor auf.

Traditionell Ende April eröffnen die BMW Open die ATP-Saison in Deutschland. Den in der Szene bestens vernetzten Turnierdirektoren Nikola Pilić (bis 2001), Rudolf Berger (2002 bis 2007; zuvor Profischiedsrichter) und Patrik Kühnen (seit 2008) gelang es immer wieder, Weltklassespieler nach München zu lotsen, obwohl die BMW Open nur zur Kategorie ATP 250 zählen. Guillermo Vilas trug sich 1978 in die Siegerliste ein, Ivan Lendl 1993, Roger Federer 2003, Andy Murray 2015. Andre Agassi schaffte es 1998 ins Endspiel.

Andere kamen auf dem Münchner Sand überhaupt nicht zurecht: Jimmy Connors 1989, Pete Sampras 1990 und John McEnroe 1991 flogen bei ihren einzigen Teilnahmen gleich in ihrem Auftaktspiel raus, Gustavo Kuerten gewann bei zwei Auftritten lediglich ein Spiel. Boris Becker scheiterte 1995 in Runde eins und kämpfte sich ein Jahr später bis ins Halbfinale vor. Auch für Stefan Edberg war bei drei Anläufen das Halbfinale das Höchste der Gefühle.

Rekordsieger in der Open Era ist der aus dem benachbarten Augsburg stammende Philipp Kohlschreiber mit drei Titeln (2007, 2012, 2016). Alexander Zverev trug sich zweimal (2017, 2018) in die Siegerliste ein. Tommy Haas gewann 2013, Michael Stich 1994, Rolf Gehring 1980 und Jürgen Faßbender 1974. Der Turniersieger erhielt zuletzt neben knapp 107.000 US-Dollar Preisgeld ein Cabrio des Namenssponsors.

3.3.3 Mercedes Cup in Stuttgart

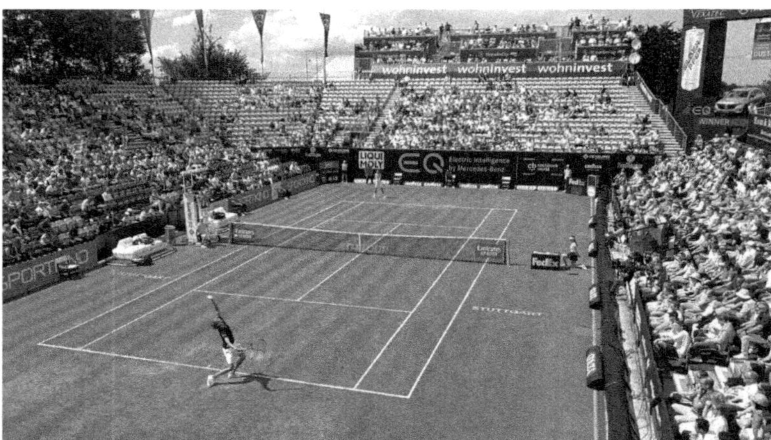

1978 wurde das Sandplatzturnier des TC Weissenhof auf dem Stuttgarter Killesberg in den Grand-Prix-Circuit aufgenommen. Heute ist es in die Kategorie ATP 250 eingestuft. Bis einschließlich 2014 fand es stets im Juli nach Wimbledon und vor den German Open in Hamburg statt.

2015 wurde der Belag auf Rasen gewechselt und das Turnier in den Juni vorgezogen – einher gingen ein attraktiveres Teilnehmerfeld und ein merklicher Anstieg der Zuschauerzahlen. Der Sieger erhielt zuletzt 138.000 US-Dollar Preisgeld und eine Nobelkarosse von Hauptsponsor Mercedes-Benz.

Turnierdirektor ist seit 2007 der Österreicher Edwin Weindorfer. Der Spanier Rafael Nadal konnte dreimal auf dem Killesberg gewinnen (2005, 2007 auf Sand, 2015 auf Rasen). Michael Stich trug sich 1991 in die Siegerliste ein, Ulrich Pinner 1978.

3.3.4 Noventi Open in Halle/Westfalen

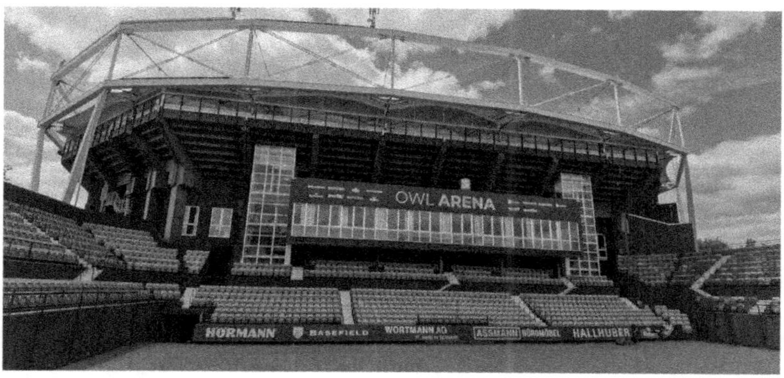

Ein Vierteljahrhundert lang trug das Turnier in der ostwestfälischen Kleinstadt Halle vor den Toren Bielefelds den Namen Gerry Weber Open: von seiner erstmaligen Ausrichtung 1993 bis zum Insolvenzantrag des ortsansässigen Bekleidungsunternehmens. 2019 übernahm Gesundheitsdienstleister Noventi das Namenspatronat.

Anfang der 1990er-Jahre war es eine mutige und spektakuläre Idee, im Vorfeld von Wimbledon ein Rasenturnier in Deutschland auszutragen. Über dessen Erfolg hinweg fand das Event Nachahmer in Stuttgart, Berlin und Bad Homburg. Austragungsort ist seit jeher das Gerry Weber Stadion (11 500 Zuschauer Fassungsvermögen), das im Januar 2020 in OWL Arena umbenannt wurde. Ursprünglich als reines Tennisstadion konzipiert, wurde es im Laufe der Jahre in eine Multifunktionsarena mit mobilem Dach umgebaut. Der Rasen wird an anderer Stelle gezüchtet und vor dem Turnier in der Arena verlegt.

Bis 2014 gehörte das Turnier zur Kategorie ATP 250. Nach der Hochstufung in die Kategorie ATP 500 ist es gemeinsam mit den Fever-Tree Championships im Londoner Queen's Club das wichtigste und bestdotierte Vorbereitungsturnier für Wimbledon. Allein der Sieger erhielt zuletzt rund 507.000 US-Dollar Preisgeld.

Prominent liest sich die Siegerliste mit Roger Federer (zehn Titel) als Rekordchampion. Michael Stich gewann 1994, Nicolas Kiefer 1999, David Prinosil 2000, Tommy Haas 2009 und 2012, Philipp Kohlschreiber 2011 und Florian Mayer 2016.

3.3.5 WTA-Turniere in Berlin und Bad Homburg

Die Umstellung des ATP-Turniers in Stuttgart von Sand auf Rasen war eine Erfolgsgeschichte, die im Juni 2020 mit den neuen Damenturnieren in Berlin und Bad Homburg hätte fortgeschrieben werden sollen. Aufgrund der Coronapandemie mussten deren Premieren um ein Jahr verschoben werden. Bei den Bett1 Open in der Hauptstadt (Kategorie WTA 500) handelt es sich um das Nachfolgeturnier des WTA-Events auf Mallorca. Dafür wurden auf der Anlage des LTTC Rot-Weiß Berlin im Grunewald drei Rasenplätze geschaffen, unter anderem im 7000 Zuschauer fassenden Steffi-Graf-Stadion.

Wie in Stuttgart übernahm der Österreicher Edwin Weindorfer die Organisation, als Direktorin wurde DTB-Damenchefin Barbara Rittner berufen.

Das von Angelique Kerbers Manager Alijoscha Thron und Stuttgarts WTA-Turnierdirektor Markus Günthardt organisierte Event in Bad Homburg (Kategorie 250) wurde neu in den Kalender integriert. Gespielt wird im Kurpark auf der Anlage des TC Bad Homburg, dem ältesten deutschen Tennisverein.

3.3.6 Hamburg European Open

Das Turnier am Hamburger Rothenbaum ist noch bekannt unter seinen vormaligen Bezeichnungen Internationale Tennismeisterschaften von Deutschland und German Open. Erstmals 1892 fand auf der Anlage des Eisbahnvereins auf der Uhlenhorst ein internationales Championat statt. Initiator des damaligen Rasenturniers war Carl August von der Meden, der spätere Präsident des Deutschen Tennis Bundes (DTB). Die Premiere litt jedoch unter der Choleraepidemie, die in diesem Jahr in der Hansestadt wütete. Ausländische Spieler blieben aus Furcht vor einer Infektion fern, neben den Deutschen waren nur noch einige Österreicher am Start. Die Ränge waren spärlich mit Zuschauern gefüllt.

Von 1894 bis 1923 fand das Turnier im Wechsel auf der Anlage des Eisbahnvereins auf der Uhlenhorst und seinem heutigen Standort am Rothenbaum statt, die damals dem Eisbahnverein vor dem Dammthor gehörte. Ab 1896 wurde auch ein Wettbewerb für die Damen ausgerichtet.

Ende des 19. Jahrhunderts machte das Turnier einen vierjährigen Abstecher ins hessische Bad Homburg, weil dessen Finanzierung in der Hansestadt auf wackligen Beinen stand. Die Hamburger Lawn-Tennis-Gilde, ein Zusammenschluss tennisbegeisterter Lokalprominenz, holte es aber wieder zurück. 1924 wurde es an seinem jetzigen Standort am Rothenbaum dauerhaft ansässig. 1932 ging der Eisbahnverein vor dem Dammthor in Konkurs, der Club an der Alster übernahm die Anlage am Rothenbaum.

Über Jahre hinweg waren die German Open eines der bestbesetzten Turniere der Welt. In Zeiten des deutschen Tennisbooms in den späten 1980er- und frühen 1990er-Jahren kam sogar der Wunsch auf, vom Weltverband ITF zum fünften Grand-Slam-Turnier aufgewertet zu werden. Der Center Court wurde im Laufe der Jahre immer weiter bis auf 13.200 Zuschauerplätze ausgebaut und 1997 mit einer mobilen Zeltdachkonstruktion versehen. Der DTB verlegte seine Geschäftsstelle in die Katakomben.

Eine Zäsur gab es 2009, als das Turnier vom ATP Masters 1000 in die Kategorie ATP 500 herabgestuft und vom Mai in den Juli verlegt wurde.

Viele Spitzenspieler machen seither einen Bogen um Hamburg, da sie sich zu diesem Zeitpunkt des Jahres auf die Hartplatzturniere in den USA vorbereiten. Profis aus den Top 30 sind durch die Herabstufung ohnehin nicht mehr verpflichtet, am Rothenbaum aufzuschlagen.

Im gleichen Jahr holte der DTB als Inhaber der ATP-Lizenz den ehemaligen Wimbledonsieger Michael Stich als Turnierdirektor und dessen Firma Hamburger Sports and Entertainment GmbH als Organisator an Bord. 2019 lief der Vertrag mit Stich aus, die Organisation übernahm die österreichische Agentur Match Maker Sports. Ebenfalls 2019 wurde der Center Court umfassend renoviert und das Turnier in European Open umbenannt.

2020 fand das Turnier aufgrund der Coronapandemie nicht im Juli, sondern erst im September statt. Rekordsieger seit Beginn der Open Era ist der Schweizer Roger Federer mit vier Titeln (2002, 2004, 2005, 2007). Einziger deutscher Gewinner ist Lokalmatador Michael Stich (1993). Das Endspiel erreichten Karl Meiler (1973), Hans-Joachim Plötz (1974), Boris Becker (1990), Michael Stich (1992), Tommy Haas (2012) und Florian Mayer (2017).

3.3.7 Bundesliga

Auch außerhalb der ATP- und WTA-Turniere kann man in Deutschland seit nahezu einem halben Jahrhundert Weltklassetennis live erleben, zu vernünftigen Eintrittspreisen noch dazu. 1972 hob der Deutsche Tennis Bund (DTB) die Bundesliga mit zehn Mannschaften aus der Taufe. Zuvor trafen sich an einem Standort die Meister der Landesverbände und ermittelten einen Sieger, der sich erst ab 1970 Deutscher Meister nennen durfte (zuvor Deutscher Pokalmeister).

Die Bundesliga erlebte bisher eine wechselhafte Geschichte. Immer wieder zogen sich Vereine aus finanziellen Gründen zurück oder verzichteten auf den Aufstieg, weil sie nicht genügend Sponsoren oder Mäzene fanden, um die Verpflichtung von konkurrenzfähigen Gastspielern für die kurze Saison zwischen Ende Juni und Mitte August zu finanzieren.

Zur Kostenreduzierung werden seit 2006 statt sechs Einzel und drei Doppel nur noch vier Einzel und zwei Doppel gespielt, wodurch auch Unentschieden möglich sind. Mehrfach wurden Ligagröße und Modus geändert, zuletzt 2005, als das Finale abgeschafft wurde. Seither ist der Tabellenerste nach dem letzten Spieltag Deutscher Meister.

Bereits 2001 wurde mit den Zweiten Bundesligen Nord und Süd ein stabiler und sportlich hochklassiger Unterbau geschaffen. Zuletzt bestand die Erste Bundesliga aus zehn und die Zweiten Bundesligen aus jeweils neun Teilnehmern. Gespielt werden Einfachrunden mit neun bzw. acht Spieltagen. Das heißt, dass sich die Mannschaften jeweils nur einmal gegenüberstehen.

Am sportlichen Niveau gab es nie etwas zu kritisieren. In der Tennisszene gilt die Bundesliga sogar als die beste Liga der Welt. Schon immer zeigten hier neben den deutschen Topspielern ausländische Profis aus der erweiterten Weltspitze oder spätere Topstars ihr Können. Hervorzuheben sind der Spanier Rafael Nadal und der Brasilianer Gustavo Kuerten, die in jungen Jahren für den TC Blau-Weiß Neuss aufschlugen. Boris Becker lief für jeweils eine Doppelpartie für ETuF Essen und Blau-Weiß Sundern auf. Infolge des Bosman-Urteils ist seit 1996 der unbeschränkte Einsatz von Spielern aus EU-Staaten möglich, wodurch deutsche Spieler bei einigen Vereinen zu Randerscheinungen geworden sind.

Rekordmeister ist der TC Blau-Weiß Neuss, der seine zehn Titel zwischen 1983 und 1994 holte, darunter sieben in Folge. Serienmeister waren auch der LTTC Rot-Weiß Berlin mit fünf Titeln von der Ligapremiere 1972 bis 1976 und der TC Amberg am Schanzl, der fünf seiner insgesamt sechs Meisterschaften zwischen 1978 und 1982 gewann. Herausragende Mannschaften der vergangenen Jahre waren der TK Grün-Weiss Mannheim (sieben Meistertitel), der TC Blau-Weiß Halle und der TK Kurhaus Aachen (jeweils fünf).

Erst 20 Jahre nach den Herren wurde 1992 die Damen-Bundesliga gegründet, bis 1999 bestand diese aus einer Nord- und einer Südgruppe mit jeweils vier Teams. Seither ist sie eingleisig, zuletzt nahmen sieben

Clubs daran teil. Auch hier wird eine Einfachrunde ausgetragen, nach deren Ende der Erstplatzierte Deutscher Meister ist.

Die Saison findet im Mai und Juni statt, im Gegensatz zur Herren-Bundesliga tragen die Damen sechs Einzel und drei Doppel aus. Rekordmeister ist der TC Zamek Benrath aus Düsseldorf mit sechs Titeln. Die Bundesligasaison 2020 wurde bei den Damen und bei den Herren wegen der Coronapandemie frühzeitig abgesagt.

Deutsche Meister (Herren)	
1972	LTTC Rot-Weiß Berlin
1973	LTTC Rot-Weiß Berlin
1974	LTTC Rot-Weiß Berlin
1975	LTTC Rot-Weiß Berlin
1976	LTTC Rot-Weiß Berlin
1977	HTV Hannover
1978	TC Amberg am Schanzl
1979	TC Amberg am Schanzl
1980	TC Amberg am Schanzl
1981	TC Amberg am Schanzl
1982	TC Amberg am Schanzl
1983	TC Blau-Weiß Neuss
1984	TC Blau-Weiß Neuss
1985	TC Blau-Weiß Neuss
1986	TC Blau-Weiß Neuss
1987	TC Blau-Weiß Neuss
1988	TC Blau-Weiß Neuss
1989	TC Blau-Weiß Neuss
1990	Iphitos München
1991	TC Blau-Weiß Neuss
1992	TC Blau-Weiß Neuss
1993	TK Grün-Weiss Mannheim
1994	TC Blau-Weiß Neuss
1995	TC Blau-Weiss Halle
1996	TK Grün-Weiss Mannheim
1997	ETuF Essen
1998	TC Amberg am Schanzl
1999	ETuF Essen
2000	ETuF Essen
2001	Dinslakener TG Blau-Weiss
2002	ETuF Essen
2003	Blau-Weiß Sundern
2004	Blau-Weiß Sundern
2005	TK Grün-Weiss Mannheim
2006	TC Blau-Weiss Halle
2007	TK Grün-Weiss Mannheim
2008	TK Kurhaus Lambertz Aachen
2009	TK Kurhaus Lambertz Aachen
2010	TK Grün-Weiss Mannheim
2011	TK Kurhaus Lambertz Aachen
2012	TK Kurhaus Lambertz Aachen
2013	TK Kurhaus Lambertz Aachen
2014	TC Blau-Weiss Halle
2015	TC Blau-Weiss Halle
2016	Badwerk Gladbacher HTC
2017	TC Blau-Weiss Halle
2018	TK Grün-Weiss Mannheim
2019	TK Grün-Weiss Mannheim

Deutsche Meister (Damen)	
1992	HTC Heidelberg
1993	HTC Heidelberg
1994	TC Großhesselohe
1995	HTC Heidelberg
1996	HTC Heidelberg
1997	HTC Heidelberg
1998	TC Postkeller Weiden
1999	TC Zamek Benrath
2000	TC Zamek Benrath
2001	TC Blau-Weiss Bocholt
2002	TC Zamek Benrath
2003	TC Zamek Benrath
2004	TC Moers 08
2005	TEC Waldau Stuttgart
2006	TC Rüppurr Karlsruhe
2007	TC Rüppurr Karlsruhe
2008	TC Zamek Benrath
2009	TC Zamek Benrath
2010	Vacono TC Radolfzell
2011	Vacono TC Radolfzell
2012	TC WattExtra Bocholt
2013	TC WattExtra Bocholt
2014	TC Fidonia Bocholt
2015	M2Beauté Ratingen
2016	Eckert Tennis Team Regensburg
2017	Eckert Tennis Team Regensburg
2018	Eckert Tennis Team Regensburg
2019	Team Ladival TC Bad Vilbel

3.3.8 Deutsche Meisterschaften

Die nationalen deutschen Meisterschaften wurden erstmals 1897 als eigenständiges Turnier ausgetragen, den Premierentitel gewann Georg Wantzelius. In manchen Quellen werden auch die ersten fünf Titelträger der seit 1892 durchgeführten Internationalen Tennismeisterschaften von Deutschland in Hamburg als Deutsche Meister geführt, da bei diesen nur deutsche und österreichische Teilnehmer am Start waren und es ausschließlich rein deutsche Finalspiele gab. Seit 1925 ermitteln auch die Damen ihre nationale Meisterin.

Von 1961 bis 1995 wurden Titel im Freien und in der Halle vergeben, seit 1996 findet nur noch ein Turnier als Saisonabschluss unter dem Dach statt. Bis 1998 und dann noch einmal 2001 wurden hier auch Doppelkonkurrenzen ausgespielt. Seit 2010 ist der Bezirksstützpunkt des Württembergischen Tennis-Bundes (WTB) im schwäbischen Biberach an der Riß der feste Austragungsort, 2015 wurde ein Mixedwettbewerb neu eingeführt.

Das Preisgeld ist gering, 2019 wurden knapp 35.000 Euro ausgeschüttet. Die großen Stars fehlen zumeist im Teilnehmerfeld, das Turnier dient vor allem Spielern aus der zweiten Reihe und Nachwuchstalenten als Bühne.

Deutsche Meister (Herren)	
2000	Axel Pretzsch
2001	Christian Vinck
2002	Markus Hantschk
2003	Maximilian Abel
2004	Philipp Petzschner
2005	Torsten Popp
2006	Tobias Summerer
2007	Andreas Beck
2008	Florian Mayer
2009	Cedrik-Marcel Stebe
2010	Peter Gojowczyk
2011	Jan-Lennard Struff
2012	Jan-Lennard Struff
2013	Daniel Brands
2014	Andreas Beck
2015	Oscar Otte
2016	Michael Berrer
2017	Daniel Masur
2018	Mats Moraing
2019	Daniel Masur
2020	Benjamin Hassan

Deutsche Meister (Damen)	
2000	Miriam Schnitzer
2001	Anca Barna
2002	Anca Barna
2003	Stephanie Gehrlein
2004	Angelika Bachmann
2005	Martina Müller
2006	Kristina Barrois
2007	Andrea Petković
2008	Kristina Barrois
2009	Andrea Petković
2010	Sina Haas
2011	Dinah Pfizenmaier
2012	Annika Beck
2013	Anna-Lena Friedsam
2014	Antonia Lottner
2015	Anna-Lena Friedsam
2016	Carina Witthöft
2017	Tamara Korpatsch
2018	Anna-Lena Friedsam
2019	Antonia Lottner
2020	Noma Noha Akugue

Anmerkung:

★ Deutsche Meister seit der Jahrtausendwende.

3.3.9 DTB Internationals & DTB Premium Tour

Die seit 1976 existierende German Masters Series wurde 2020 in zwei Turnierserien gesplittet: die DTB Internationals und die untergeordnete DTB Premium Tour. Unter DTB Internationals versteht man alle Turniere auf deutschem Boden in den bereits an vorangegangener Stelle erklärten Kategorien ATP Challenger, ITF Men's World Tennis Tour, ITF Women's World Tennis Tour und ITF World Tennis Tour Juniors. Sie sollen in erster Linie Nachwuchstalenten als Sprungbrett ins Profigeschäft dienen.

Die bekanntesten der knapp 50 Turniere sind die ATP Challenger in Heilbronn (Neckar Cup; über 100.000 US-Dollar Preisgeld) und Braunschweig (Sparkassen Open; über 80.000 US-Dollar) sowie die Turniere der ITF Women's World Tennis Tour in Wiesbaden (Wiesbaden Ladies Open; 100.000 US-Dollar), Versmold (Reinert Open) und Hechingen (Boso Ladies Open; jeweils 60.000 US-Dollar).

Die Turniere werden vom DTB organisatorisch unterstützt und gefördert. Im Gegenzug vergeben die Veranstalter Wildcards an junge deutsche Spieler. Bei den Turnieren werden Punkte für die Weltrangliste, für die deutsche Rangliste und für eine eigene Wertung der DTB Internationals gesammelt.

Die DTB Premium Tour umfasst die 18 Topevents der nationalen Turnierszene für Damen und Herren mit Preisgeldern ab 5.000 Euro. Am höchsten dotiert sind bei den Herren mit 20.000 Euro die Bredeney Men Open in Essen und mit 15.000 Euro der Troiber-Cup im niederbayerischen Hofkirchen sowie bei den Damen mit 12.500 Euro der Tennis Cup of Wine im rheinhessischen Weiler bei Bingen. Die deutschen Meisterschaften in Biberach an der Riß bilden das Finale der DTB Premium Tour.

3.4 EHEMALIGE TURNIERE

3.4.1 Düsseldorf International

Erstmals 1968 und dann jährlich zwischen 1970 und 1977 fand auf der Anlage des Düsseldorfer Rochusclubs ein Sandplatzturnier der Herren statt. Es trug die Bezeichnungen Düsseldorf International, Düsseldorf Grand Prix und Agfa Color Cup. Die letzten drei Auflagen gehörten als Generalprobe für Roland Garros zum Grand-Prix-Circuit und waren mit 50.000 bzw. 75.000 US-Dollar dotiert.

In der Siegerliste finden sich prominente Namen wie Ilie Năstase (1971), Björn Borg (1976), Wojciech Fibak (1977) oder die deutschen Spitzenspieler Wilhelm Bungert (1970) und Hans-Jürgen Pohmann (1973). 1978 ging das Turnier in den World Team Cup über.

3.4.2 Berlin Open

1973 wurde aus dem traditionellen Pfingstturnier des LTTC Rot-Weiß Berlin ein Grand-Prix-Event namens Berlin Open. 32 Einzelspieler und 16 Doppelpaare wetteiferten auf den Sandplätzen im Grunewald um ein Preisgeld von 15.000 US-Dollar. Beide Titel bei der Premierenauflage gewann Lokalmatador Hans-Jürgen Pohmann, im Doppel gemeinsam mit Jürgen Fassbender.

Bis zur zweiten Auflage vergingen drei Jahre. Das Preisgeld betrug nun 50.000 US-Dollar, Pohmann musste sich im Finale dem Paraguayer Víctor Pecci geschlagen geben. Das Turnier litt unter starken Regenfällen, der Berliner Senat übernahm einen Teil des finanziellen Schadens.

1977 gewann es der Italiener Paolo Bertolucci, 1978 der Tschechoslowake Vladimír Zedník und 1979 der Australier Peter McNamara. Nachdem das Zuschauerinteresse im Laufe der Jahre immer stärker nachgelassen hatte und 1979 nur noch insgesamt 2500 Besucher an den sieben Turniertagen auf die Anlage kamen, entschloss sich der LTTC Rot-Weiß, auf die weitere Durchführung zu verzichten.

3.4.3 WCT-Turnier in München

Eine Nummer größer als das Grand-Prix-Sandplatzturnier in Berlin war das erstmals im April 1973 ausgerichtete WCT-Event in München. 32 Einzelspieler und 16 Doppelpaare spielten auf Teppichboden um 50.000 US-Dollar Preisgeld, im ersten Jahr in der Rudi-Sedlmayer-Halle, dem heutigen Audi Dome, 1974 und 1975 in der Olympiahalle. Weltstars schlugen damals in der bayerischen Landeshauptstadt auf, den Premierentitel sicherte sich der US-Amerikaner Stan Smith. 1975 besiegte Arthur Ashe im Finale Björn Borg.

Als die WCT 1982 wieder eine Turnierserie auf die Beine stellte, wurde auch das Münchner Event nach siebenjähriger Pause wiederbelebt, das Preisgeld betrug nun stolze 300.000 US-Dollar. Im Finale schlug Ivan Lendl seinen tschechoslowakischen Landsmann Tomáš Šmíd. 1983 fand das Turnier zum letzten Mal statt, mit dem Niedergang der WCT-Serie verschwand es aus dem Kalender.

3.4.4 Cologne Cup

Die Sporthalle auf dem Messegelände in Köln-Deutz war – mit Unterbrechungen – zwischen 1969 und 1986 jeweils im Spätherbst Schauplatz hochkarätig besetzter Herrenturniere von WCT und später ITF. Die erste Auflage trug die Bezeichnung Spoga Cup, die letzte Gold Star Cologne, ansonsten firmierte das Turnier als Cologne Cup.

In der Siegerliste stehen Weltstars wie Jan Kodeš (1973), Jimmy Connors (1976), Björn Borg (1977), Wojciech Fibak (1978) und Ivan Lendl (1981). Gespielt wurde anfangs auf Teppich- und danach auf Hartplatz. Das Preisgeld verdoppelte sich im Laufe der Jahre von 50.000 auf 100.000

US-Dollar. 1983 gab hier der damals 15-jährige Boris Becker sein Debüt auf der Profitour. In der ersten Runde unterlag er dem 16 Jahre älteren US-Amerikaner Sandy Mayer in drei Sätzen.

Im September 1992 fand sich der Cologne Cup noch einmal im Kalender der ATP Tour wieder. Gespielt wurde auf Sandplätzen beim KTHC Stadion Rot-Weiss, den Sieg bei dem mit 240.000 US-Dollar dotierten Turnier holte sich Bernd Karbacher. Während der Coronapandemie wurden im Oktober 2020 kurzfristig zwei direkt aufeinanderfolgende ATP-Turniere der Kategorie 250 auf zwei Hartplätzen in der Lanxess Arena ins Leben gerufen. Diese trugen die Bezeichnung Bett1 Hulks und wurden von Alexander Zverev gewonnen.

3.4.5 Kings Cup

1936 rief der tennisbegeisterte schwedische König Gustav V. den Kings Cup ins Leben. Er sollte ein Gegenstück werden zum Davis Cup: Alle Spiele wurden in der Halle und auf europäischem Boden ausgetragen. Die erste Auflage gewann Frankreich mit 4:1 in Stockholm gegen Gastgeber Schweden.

Der Modus wurde über die Jahre hinweg mehrfach geändert: Zunächst war der Titelverteidiger als Gastgeber für das Finale automatisch qualifiziert, alle anderen Teilnehmer ermittelten dessen Herausforderer, später hatte der Titelverteidiger Heimrecht in allen Runden, die er erreichte. 1976 wurden mehrere Divisionen mit Auf- und Abstieg eingeführt. 1982 und 1983 fand ein Final-Four-Turnier mit Halbfinals und Finale an einem Ort statt, in den beiden letzten Auflagen des Wettbewerbs 1984 und 1985 gab es ein Finalturnier mit sechs Teams in der Essener Grugahalle.

Pro Partie wurden zwei Einzel und ein Doppel gespielt. Rekordsieger ist Schweden mit zehn Titeln. Das deutsche Team trug sich insgesamt viermal in die Siegerliste ein, von 1981 bis 1983 dreimal in Folge. 1981 bildeten Ulrich Pinner, Rolf Gehring, Klaus Eberhard und Christoph Zipf das Siegerteam, 1982 erneut Pinner, Eberhard und Zipf, hinzu kam Hans-Dieter Beutel. 1983 gewannen Michael Westphal, Damir Keretic, Hansjörg Schwaier, Eric Jelen und Wolfgang Popp den Königspokal.

3.4.6 WCT Finals in Dallas

Die World Championship Tennis (WCT) war eine größtenteils in den USA ausgetragene Turnierserie, die entweder als Konkurrenz zum Grand-Prix-Circuit (1968 bis 1972, 1982 bis 1984), vor diesem (1973 bis 1977) oder als dessen Bestandteil stattfand.

Das erste WCT-Turnier wurde im Januar 1968 in Sydney ausgerichtet, das letzte im August 1990 in Forest Hills/New York City. Von 1971 bis 1989 trafen sich die acht erfolgreichsten Profis der WCT-Saison zu den WCT Finals in Dallas. Gespielt wurde auf Teppichboden im Moody Coliseum (bis 1979) und danach in der Reunion Arena.

Die WCT-Turniere waren die ersten mit Tiebreak und Spielern in farbigen Outfits, bei den WCT Finals wurde 1974 erstmals ein elektronisches Linienüberwachungssystem getestet.

Rekordsieger ist John McEnroe mit fünf Titeln (1979, 1981, 1983, 1984, 1989). Boris Becker gewann das Turnier 1988, zwei Jahre zuvor stand er im Finale.

3.4.7 World Team Cup in Düsseldorf

Den im Januar 2020 erstmals in Australien ausgetragenen ATP Cup gab es schon einmal, wenn auch in leicht anderer Form: von 1978 bis 2012 unter der Bezeichnung World Team Cup im Düsseldorfer Rochusclub.

Ausgetragen wurde die Mannschaftsweltmeisterschaft seinerzeit stets in der Woche vor Roland Garros. Qualifiziert waren die sieben Nationen mit den in der Weltrangliste besten Spielern (die Positionen der zwei Spitzenspieler am Ende des Vorjahres wurden addiert). Hinzu kam eine weitere Nation per Wildcard.

Das Teilnehmerfeld wurde in zwei Gruppen à vier Teams aufgeteilt, die Gruppenersten qualifizierten sich für das Finale. Gespielt wurden auf Sandplätzen zwei Einzel und ein Doppel. Ausweichplätze für den Fall von Regenwetter wurden im Eisstadion an der Brehmstraße verlegt.

Rekordsieger war Gastgeber Deutschland mit fünf Titeln (1989, 1994, 1998, 2005, 2011) vor den USA mit vier (1982, 1984, 1985, 1993). Nach der Auflage 2012 wurde das Format eingestellt.

Umstritten bleibt, ob der im September und Oktober 1975 zum ersten und einzigen Mal in Kingston/Jamaika ausgetragene Nations Cup als Premiere des Word Team Cups gewertet werden soll. Dort setzten sich die USA im Finale mit 2:1 gegen Indien durch.

3.4.8 Eurocard Open in Stuttgart

Die Tennisbegeisterung in Deutschland kannte Ende der 1980er-Jahre keine Grenzen. 1988 rief Boris Beckers Manager Ion Tiriac die Stuttgart Classics ins Leben, ein hochkarätig besetztes Einladungsturnier in der Hanns-Martin-Schleyer-Halle. Acht Spieler ermittelten in zwei Gruppen die Halbfinalisten, Weltranglistenpunkte wurden nicht vergeben. 1990 wurde das Turnier in die ATP Tour aufgenommen, es erhielt den Namen Eurocard Open und wurde vom November in den Februar vorgezogen.

Nach der Auflage 1995 wurde es in die Kategorie Super 9 (heute ATP Masters 1000) hochgestuft und zurück in den Herbst datiert. Aus diesem Grund fand es in diesem Jahr gleich zweimal statt: im Februar wie gewohnt in Stuttgart und im Oktober einmalig in der Essener Grugahalle. 1998 wurde der Belag von Teppich auf Hartplatz gewechselt.

Nach dem Sieg von Tommy Haas im Jahr 2001 wurde das Turnier wegen nachlassendem Interesse bei Fernsehen, Zuschauern und Sponsoren eingestellt. Tiriac reichte die Lizenz nach Madrid weiter. Mit jeweils zwei Titeln sind Boris Becker (1990, 1996), der Schwede Stefan Edberg (1991, 1994) und der Tscheche Richard Krajicek (1995, 1999) die Rekordsieger. Michael Stich gewann 1993.

3.4.9 Grand Slam Cup in München

Von der Tennisbegeisterung in Deutschland ab 1985 wollte auch der Weltverband ITF profitieren. Zwischenzeitlich wurde sogar über die Ausrichtung eines fünften Grand-Slam-Turniers in Hamburg spekuliert. Geschaffen wurde letztlich ein Kunstprodukt namens Grand Slam Cup. In Anlehnung an die ATP Finals als Saisonabschluss der besten Profis auf der ATP Tour waren hierfür die erfolgreichsten Spieler der vier Grand-Slam-Turniere qualifiziert.

Erstmals im Dezember 1990 stellten die Organisatoren ein Event mit einem 16-köpfigen Teilnehmerfeld und dem höchsten Preisgeld überhaupt auf die Beine. Allein der Sieger erhielt zwei Millionen US-Dollar – hatte dieser zuvor auch eines der vier Grand-Slam-Turniere für sich entschieden, gab es eine Million obendrauf. Als Austragungsort wurde die Münchner Olympiahalle ausgewählt, die damals modernste und größte Veranstaltungshalle im Lande.

Gespielt wurde Anfang Dezember und ab 1997 Ende September auf Teppichboden. Da es sich beim Grand Slam Cup um ein Einladungsturnier handelte, bei dem keine Weltranglistenpunkte vergeben wurden, war dessen sportlicher Wert von Anfang an umstritten. 1998 wurde das Teilnehmerfeld auf zwölf Herren reduziert und erstmals ein Wettbewerb mit acht Damen ausgetragen. Nach der Auflage 1999 wurde das Turnier eingestellt.

Rekordsieger ist der US-Amerikaner Pete Sampras mit zwei Titeln (1990, 1997). Michael Stich gewann 1992, Boris Becker 1996, Tommy Haas erreichte 1999 das Finale. Bei den Damen trugen sich Venus Williams (1998) und Serena Williams (1999) in die Siegerliste ein.

3.4.10 Sparkassen Cup in Leipzig

Eine Woche vor der deutschen Wiedervereinigung wurde Ende September 1990 erstmals ein WTA-Turnier auf dem Boden der damals offiziell noch existierenden DDR ausgetragen. Stefanie Graf holte sich in Leipzig den ersten Titel beim Volkswagen Damen Grand Prix, vier weitere sollten bis 1998 folgen.

1993 wurde das Hallenturnier, das auf Hartplatz ausgetragen wurde, von der dritt- in die zweithöchste Kategorie der WTA Tour hochgestuft, ab 1995 trug es den Namen Sparkassen Cup, 1996 siedelte es von Halle 7 auf dem alten Messegelände in Halle 5 auf dem neuen Messegelände über, 2002 in die neu erbaute Arena Leipzig.

1995 und 1996 gewann Anke Huber. Mit dem Ende des Tennisbooms in Deutschland ließ auch in Leipzig das TV-, Zuschauer- und Sponsoreninteresse nach. Nach der Auflage 2003 wurde das Turnier eingestellt.

3.4.11 WTA-Turnier in Hamburg

Im Zuge der bereits mehrfach erwähnten Tenniseuphorie ließ der Deutsche Tennis Bund (DTB) im September 1987 das Damenturnier am Hamburger Rothenbaum neu aufleben, das es bereits von 1896 bis 1978 unter den Bezeichnungen Internationale Tennismeisterschaften von Deutschland und German Open gegeben hatte. Stefanie Graf holte sich bis 1992 sechsmal hintereinander den Titel.

Ab 1989 fand das Sandplatzturnier, das unter wechselnden Sponsorennamen firmierte, eine Woche vor den German Open der Herren statt. Das Teilnehmerfeld war stets hochkarätig besetzt. Seine dunkelste Stunde erlebte das Turnier am 30. April 1993, als der Weltranglistenersten Monica Seles während ihrer Viertelfinalpartie gegen die Bulgarin Magdalena Maleewa von einem geistesgestörten Zuschauer mit einem Messer in den Rücken gestochen wurde. Die gebürtige Jugoslawin setzte danach über zwei Jahre mit dem Tennis aus.

Mit Abflauen der deutschen Tennisbegeisterung Ende der 1990er-Jahre fand auch dieses Turnier immer weniger Interesse bei TV-Sendern, Zuschauern und Sponsoren. Nach der Auflage 2002 wurde es eingestellt, der DTB verkaufte die Lizenz für rund vier Millionen US-Dollar nach Philadelphia.

Rekordsiegerin Stefanie Graf stand auch 1993 und 1994 im Finale, musste sich beide Male aber der Spanierin Arantxa Sánchez Vicario geschlagen geben, die 1996 ihren dritten Titel am Rothenbaum holte.

3.4.12 German Open in Berlin

Bis 1978 fanden die German Open der Damen gleichzeitig mit dem Herrenturnier am Hamburger Rothenbaum statt, ab 1979 waren sie ein eigenständiges Event auf der Anlage des LTTC Rot-Weiß Berlin im Grunewald. Mit den Erfolgen von Stefanie Graf, die zwischen 1986 und 1996 neunmal den Titel holte, erlebte das Turnier einen enormen Aufschwung, 1988 wurde es in die höchste Kategorie der Damentour hochgestuft, ein Jahr später stieg die Lufthansa als Namenssponsor ein.

Um dem Zuschauerandrang nachzukommen, wurde der Center Court auf 7000 Plätze ausgebaut. Seit 2004 trägt er den Namen der Berliner Rekordsiegerin (Steffi-Graf-Stadion). Mit dem Ende des deutschen Tennisbooms ließ auch in Berlin das Interesse von TV-Sendern, Zuschauern und Sponsoren nach. 2004 verkaufte der Deutsche Tennis Bund die Lizenz an den Tennisverband von Katar, der das Turnier noch bis 2008 in der deutschen Hauptstadt ausrichtete.

Vor Stefanie Graf hatten mit Bettina Bunge (1982) und Claudia Kohde-Kilsch (1984) bereits zwei deutsche Spielerinnen die German Open gewonnen. Ob das neue Rasenevent Bett1 Open auf der gleichen Anlage als Nachfolgeturnier bezeichnet werden kann, ist Ansichtssache.

3.4.13 Faber Grand Prix in Essen und Hannover

Von 1992 bis 2000 wurde ein WTA-Turnier der zweithöchsten Kategorie in der Essener Grugahalle (bis 1996) und in der Messehalle 2 in Hannover ausgetragen. Bei den ersten drei Auflagen trug es die Bezeichnung Nokia Grand Prix, danach übernahm das Lotterieunternehmen Faber das Namenspatronat. Das Preisgeld wuchs im Laufe der Jahre von 350.000 auf 535.000 US-Dollar an. Monika Seleš gewann die Premiere, Serena Williams das letzte Turnier. Die Tschechin Jana Novotná und die Kroatin Iva Majoli holten je zweimal den Titel. Stefanie Graf blieb bei ihren zwei Starts im Viertelfinale (1998) und im Halbfinale (1999) hängen.

3.4.14 Nürnberger Versicherungscup

Nur siebenmal fand in den vergangenen Jahren das Sandplatzturnier der Damen in Nürnberg, offiziell Nürnberger Versicherungscup, statt. 2013 sicherte sich die österreichische Sporteventagentur Match Maker Sports die Lizenz des WTA-Turniers in Barcelona und siedelte dieses in die Frankenmetropole über. Ausgetragen wurde es zunächst in der Woche nach und ab 2014 in der Woche vor Roland Garros.

Die Spiele fanden auf der Anlage des 1. FC Nürnberg am Valznerweiher statt, das Turnier gehörte stets der vierten Kategorie der WTA Tour an. Nachdem der Haupt- und Titelsponsor nach der Auflage 2019 sein Engagement beendete und die Suche nach einem Nachfolger scheiterte, wurde es aus dem Tourkalender gestrichen. Die WTA-Lizenz wurde an ein Kölner Unternehmen verkauft. Rekordsiegerin ist die Niederländerin Kiki Bertens mit zwei Titeln (2016, 2017).

★ 4 ★

DIE STARS

Stefanie Graf und Boris Becker – in Deutschland ist die Frage geklärt. Eindeutig! Aber weltweit? Rod Laver, Björn Borg, Roger Federer, Rafael Nadal oder Novak Djoković? Und bei den Damen Margaret Court, Chris Evert, Martina Navratilova, Stefanie Graf oder Serena Williams? Wer ist der beste Tennisspieler, wer ist die beste Tennisspielerin überhaupt? Diskutieren und entscheiden Sie selbst.

Dieses Kapitel liefert die Grundlage. Es gibt einen Überblick über die größten Stars der Tennisgeschichte. Der Lesefreundlichkeit und der Vergleichbarkeit wegen, werden die Australian Open, die US Open, die ATP Finals, die WTA Finals, der Davis Cup, der Billie Jean King Cup und der Weltverband ITF unter ihren heutigen Bezeichnungen geführt, auch wenn sie in früheren Zeiten andere Namen trugen.

4.1 DIE GROSSEN DEUTSCHEN

4.1.1 Cilly Aussem

Als Cäcilia Aussem, die alle nur Cilly nannten, Anfang 1930 den US-amerikanischen Starspieler Bill Tilden als neuen Trainer engagierte, blühte sie regelrecht auf. 1931 gewann sie als erste Deutsche ein Grand-Slam-Turnier. Dem Erfolg in Roland Garros ließ die Kölnerin wenige Wochen später den Triumph in Wimbledon folgen. Auf dem heiligen Rasen schlug sie in einem rein deutschen Finale Hilde Krahwinkel. Kölns Oberbürgermeister Konrad Adenauer organisierte für die damals 22-Jährige einen triumphalen Empfang in der Heimat.

Aussem gewann rund zwei Dutzend Turniere, unter anderem mit ihrem Trainer Tilden auch den Mixedtitel 1930 in Roland Garros. Eine Blinddarmentzündung markierte jedoch den Wendepunkt. Immer häufiger warfen sie Erkrankungen und Verletzungen zurück. Bereits im Alter von nur 26 Jahren zog Aussem einen Schlussstrich unter ihre Karriere.

Mit ihrem Mann, einem italienischen Diplomaten, wanderte sie nach Mosambik aus und erkrankte dort an Malaria. Cilly Aussem starb 1963 im Alter von 54 Jahren. Ihr zu Ehren firmieren die Mannschaftsmeisterschaften der Landesverbände für Juniorinnen bis 15 Jahre unter dem Namen Große Cilly-Aussem-Spiele.

Grand-Slam-Titel: Roland Garros (1931), Wimbledon (1931)

4.1.2 Boris Becker

Boris Becker ist ohne Zweifel der größte Spieler der deutschen Tennisgeschichte – und wahrscheinlich ist er auch der größte deutsche Spieler aller Zeiten. Der Boom, die Begeisterung für die Sportart, die der damals 17-jährige Leimener mit seinem Wimbledonsieg 1985 und der sportlich

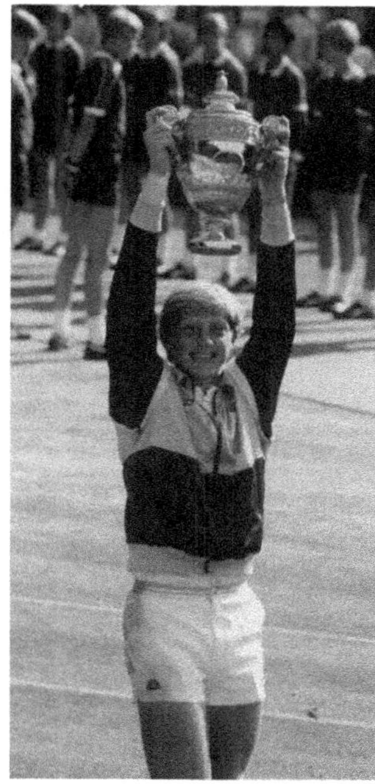

wohl sogar noch höher zu bewertenden Titelverteidigung 1986 auslöste, wird für immer einmalig bleiben.

Neben sechs Grand-Slam-Turnieren gewann der Serve-and-Volley-Spezialist 43 weitere Profiturniere, darunter dreimal die ATP Finals. Nach seinem ersten Australian-Open-Triumph 1991 führte er insgesamt zwölf Wochen lang die Weltrangliste an.

Boris Becker gilt als einer der besten Davis-Cup-Spieler überhaupt. Von 41 Spielen gewann er 38, zweimal führte er die deutsche Mannschaft zum Titel. Der einzige kleine Makel seiner einmaligen Karriere: Er konnte keinen Einzeltitel auf Sand holen.

Nahezu vergessen: Boris Becker war auch ein erfolgreicher Doppelspieler. Neben Olympiagold mit Michael Stich 1992 in Barcelona gewann er mit verschiedenen Partnern 14 Profiturniere, davon drei auf Sand. 1999 beendete er im Alter von 31 Jahren seine aktive Karriere. Seither arbeitete er unter anderem drei Jahre lang als Trainer von Novak Djoković, von 2017 bis 2020 war er Head of Men's Tennis beim Deutschen Tennis Bund.

Grand-Slam-Titel: Australian Open (1991, 1996), Wimbledon (1985, 1986, 1989), US Open (1989)

4.1.3 Wilhelm Bungert

Der gebürtige Mannheimer war Deutschlands Tennisstar der 1960er-Jahre. Seine größten Erfolge feierte Wilhelm Bungert kurz vor Beginn der Open Era auf dem heiligen Rasen von Wimbledon: 1963 und 1964 erreichte er das Halbfinale, 1967 sogar das Endspiel. Er unterlag dem Australier John Newcombe.

1970 führte Bungert, der den Vorhandtopspin hierzulande salonfähig machte, die deutsche Mannschaft erstmals überhaupt ins Finale um den Davis Cup. In Cleveland/Ohio hatten er und sein Teamkollege Christian Kuhnke gegen die USA allerdings keine Chance (0:5). Nach dem Ende seiner aktiven Laufbahn war Bungert von 1981 bis 1986 Kapitän des Davis-Cup-Teams.

4.1.4 Gottfried von Cramm

Mit 21 Jahren setzte der aus einem niedersächsischen Adelsgeschlecht stammende Gottfried Freiherr von Cramm alles auf eine Karte: Er brach sein Jurastudium ab und wurde Tennisprofi – eine mutige Entscheidung zur damaligen Zeit. Doch die Erfolge ließen nicht lange auf sich warten. 1934 und 1936 gewann er Roland Garros, von 1935 bis 1937 zog er dreimal hintereinander ins Finale von Wimbledon ein. Weitere Grand-Slam-Endspielniederlagen musste er 1935 in Paris und 1937 in New York hinnehmen.

Immerhin im Mixed holte er in Wimbledon den Titel: 1933 mit Hilde Krahwinkel. 1937 entschied der Wahlberliner gemeinsam mit Henner Henkel die Doppelwettbewerbe in Paris und New York für sich. Neben Boxer Max Schmeling war der „Tennis-Baron“, wie von Cramm ehrfurchtsvoll genannt wurde, der populärste deutsche Sportler in den 1930er-Jahren.

Weniger glücklich verlief sein Privatleben: Mit öffentlichen Äußerungen zog er sich den Zorn des Naziregimes zu. 1938 wurde von Cramm wegen homosexueller Neigungen zu einem Jahr Gefängnis verurteilt. 1940 wurde er zur Wehrmacht einberufen und kehrte zwei Jahre später schwerverletzt von der Ostfront zurück.

1948 gehörte von Cramm zu den Mitbegründern des Deutschen Tennis Bundes, 1951 gründete er eine Importfirma für ägyptische Baumwolle,

1955 heiratete er Kaufhauserbin Barbara Woolworth Hutton. Im November 1976 kam der bis dahin größte deutsche Tennisspieler im Alter von 67 Jahren während einer Geschäftsreise in Kairo bei einem Autounfall ums Leben.

Grand-Slam-Titel: Roland Garros (1934, 1936)

4.1.5 Otto Froitzheim

Bevor Gottfried von Cramm die Bühne betrat, war der gebürtige Elsässer der Star im deutschen Tennis. 1908 holte Otto Froitzheim Olympiasilber in London, 1914 erreichte er die Vorschlussrunde in Wimbledon. Zwischen 1907 und 1925 gewann er siebenmal die Internationalen Tennismeisterschaften von Deutschland in Hamburg, bei seinem letzten Erfolg war er bereits 41 Jahre alt.

Mit seinem Sicherheitstennis von der Grundlinie zermürbte Froitzheim seine Gegner. Hauptberuflich war der studierte Jurist unter anderem in den Polizeipräsidien in Berlin und Wiesbaden tätig. Auf der Rückreise vom Davis Cup 1914 in den USA wurde das Schiff mit ihm und seinem Mitspieler Oscar Kreuzer von den Briten gestoppt. Beide verbrachten den Ersten Weltkrieg in Gefangenschaft.

4.1.6 Stefanie Graf

Insgesamt 377 Wochen stand Stefanie Graf, die während ihrer aktiven Karriere alle nur Steffi nannten, zwischen 1987 und 1997 an der Spitze der Weltrangliste – länger als jemals eine andere Spielerin. 1988 holte sie als bisher einziger Profi den Golden Slam: Neben den vier Majors gewann sie auch Olympiagold in Seoul. Mit 22 Grand-Slam-Titeln liegt sie in der ewigen Bestenliste auf Rang drei. Diese Zahlen belegen: Stefanie Graf war die beste Spielerin, die Deutschland jemals hatte, und eine der Allerbesten der Welt.

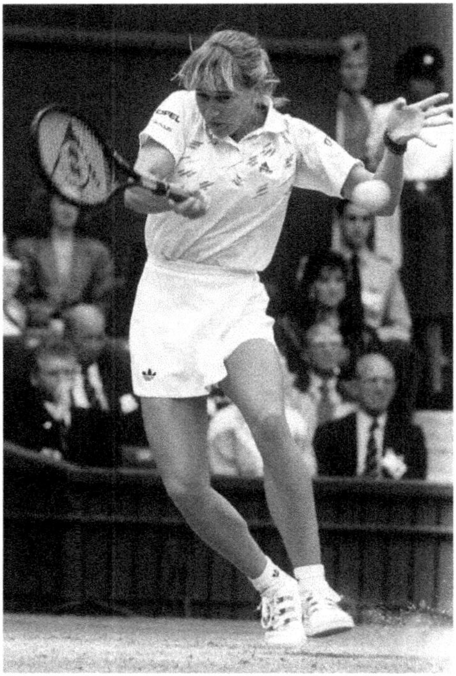

Die Brühlerin mit der exzellenten Beinarbeit und der hart geschlagenen Vorhand lieferte sich packende Duelle um die Vorherrschaft im Damentennis anfangs mit Martina Navratilova, danach mit Monica Seles und am Ende mit Martina Hingis. Zwischen Mitte 1997 und Mitte 1998 konnte sie wegen einer Knieverletzung ein Jahr lang kein Spiel bestreiten.

Nach ihrem Comeback feierte sie noch vier Turniersiege, ihren insgesamt 107. in Roland Garros 1999. Im August des gleichen Jahres verkündete Stefanie Graf nur sechs Wochen nach Boris Becker ihren Rücktritt. Zwei Jahre später heiratete sie US-Star Andre Agassi.

Weitere nennenswerte Erfolge waren fünf Siege bei den WTA Finals, der Wimbledontitel 1988 im Doppel mit der Argentinierin Gabriela Sabatini, Olympiasilber 1992 im Einzel und -bronze 1988 im Doppel mit Claudia Kohde-Kilsch. Zweimal führte sie das deutsche Team zum Gewinn des Billie Jean King Cups.

Grand-Slam-Titel: Australian Open (1988, 1989, 1990, 1994), Roland Garros (1987, 1988, 1993, 1995, 1996, 1999), Wimbledon (1988, 1989, 1991, 1992, 1993, 1995, 1996), US Open (1988, 1989, 1993, 1995, 1996)

4.1.7 Tommy Haas

Als 13-Jähriger wechselte Tommy Haas, mit bürgerlichem Namen Thomas Haas, gemeinsam mit seiner drei Jahre älteren Schwester Sabine aus seiner Geburtsstadt Hamburg an die Tennisakademie von Nick Bolletieri nach Bradenton/Florida. Finanziert wurde der Aufenthalt von einem Sponsorenpool namens ToSa Tennistalentförderung GmbH, dem eine Beteiligung von 15 Prozent an den späteren Einnahmen der Geschwister versprochen wurde.

Während Sabine frühzeitig resignierte, entwickelte sich Tommy zu einem der besten Spieler der Welt. Im Spätsommer 2002 war er fünf Wochen lang die Nummer zwei der Weltrangliste, er gewann 15 ATP-Turniere, viermal erreichte er das Halbfinale eines Grand-Slam-Turniers: 1999, 2002 und 2007 bei den Australian Open, 2009 in Wimbledon. 2002 in Sydney gewann er Olympiasilber.

Obwohl ihn immer wieder Verletzungen an Schulter, Rücken und Hüfte zurückwarfen, gab Haas nie auf. Erst mit 39 Jahren beendete er im Sommer 2017 seine zwei Jahrzehnte dauernde Profikarriere. Bereits wenige Monate zuvor hatte der „Dauerbrenner", längst auch in Besitz der US-Staatsbürgerschaft, den Posten des Turnierdirektors in Indian Wells übernommen.

4.1.8 Sylvia Hanika

Die Münchnerin habe den deutschen Tennisboom in den 1980er-Jahren eingeleitet, schrieb einst der *Sportinformationsdienst.* 1981 stürmte Sylvia Hanika mit ihrem aggressiven Spiel bis ins Finale von Roland Garros, ein Jahr später feierte sie im New Yorker Madison Square Garden ihren größten Erfolg, als sie im Finale gegen Martina Navratilova die WTA Finals gewann. 1983 schaffte es die Linkshänderin (Markenzeichen Stirnband) bis auf Platz fünf der Weltrangliste.

4.1.9 Henner Henkel

Nur ein Jahr nach Gottfried von Cramms zweitem Titelgewinn trug sich 1937 auch Henner Henkel in die Siegerliste von Roland Garros ein – damit ist er dort bis heute der letzte deutsche Sieger im Herreneinzel. Mit von Cramm gewann er beim gleichen Turnier den Doppelwettbewerb und ein Vierteljahr später auch den Doppelwettbewerb bei den US Open. 1938 und 1939 erreichte der Wahlberliner (mit vollen Namen Heinrich Henkel) in Wimbledon das Halbfinale.

1942 wurde er zur Wehrmacht eingezogen. Bei der Schlacht von Stalingrad erlag er im Alter von 27 Jahren einer Schussverletzung. Ihm zu Ehren firmieren die Mannschaftsmeisterschaften der Landesverbände für Junioren bis 15 Jahre unter dem Namen Große Henner-Henkel-Spiele.

Grand-Slam-Titel: Roland Garros (1937)

4.1.10 Anke Huber

In den 1990er-Jahren wurde Anke Huber zur zweiten Kraft im deutschen Damentennis hinter Stefanie Graf. Die Kraichgauerin gewann zwölf WTA-Turniere und kletterte im Oktober 1996 bis auf Rang vier der Weltrangliste. 1992 holte sie gemeinsam mit Stefanie Graf den Billie Jean King Cup, 1995 mit Boris Becker den Hopman Cup. Ihr größter Erfolg bei einem Grand-Slam-Turnier war die Finalteilnahme bei den Australian Open 1996. Zwei Monate zuvor unterlag sie im Endspiel der WTA Finals in New York gegen Stefanie Graf erst nach fünf Sätzen.

Als sich die Verletzungen häuften, trat Anke Huber im Oktober 2001 im Alter von erst 26 Jahren zurück. Ein Jahr später übernahm sie beim WTA-Turnier in Filderstadt den Posten der Sportlichen Leiterin und zog 2006 mit dem Turnier nach Stuttgart um.

4.1.11 Angelique Kerber

Einige Medien schrieben von einem „deutschen Fräulein-Wunder", als zu Beginn der 2010er-Jahre Andrea Petković (Jahrgang 1987), Angelique Kerber (1988), Julia Görges (1988), Sabine Lisicki (1989) und Mona Barthel (1990) die jahrelange Durststrecke des deutschen Damentennis beendeten und in die Weltspitze stürmten. Die in Bremen geborene und in Kiel aufgewachsene Angelique Kerber wurde die erfolgreichste Spielerin dieses Quintetts. Anfang 2012 gewann sie in Paris ihr erstes Profiturnier, zwei Jahre später führte sie die deutsche Mannschaft ins Finale des Billie Jean King Cups.

2016 erlebte die Grundlinienspezialistin mit der harten Vorhand ihr erfolgreichstes Karrierejahr, als sie zunächst die Australian Open und Olympiasilber in Rio de Janeiro gewann. Nach ihrem Sieg bei den US Open übernahm sie als erst zweite Deutsche nach Stefanie Graf die Führung der Weltrangliste. Diese hatte sie insgesamt 34 Wochen lang inne. Nach einem schwächeren Jahr 2017 feierte sie im Juli 2018 mit dem Sieg in Wimbledon den Höhepunkt ihrer Karriere.

Kurios: Obwohl Kerber Rechtshänderin ist, spielt sie Tennis mit der linken Hand.

Grand-Slam-Titel: Australian Open (2016), Wimbledon (2018), US Open (2016)

4.1.12 Nicolas Kiefer

Es war eine undankbare Situation, die Nicolas Kiefer zu Beginn seiner Profikarriere Mitte der 1990er-Jahre erlebte: Der Niedersachse wurde von den Medien zum Thronfolger von Tenniskönig Boris Becker hochstilisiert. Zur Jahrtausendwende stieß er tatsächlich kurzzeitig in die Weltspitze vor. Im November 1999 erreichte er bei den ATP Finals vor heimischem Publikum in Hannover das Halbfinale, im Januar 2000 kletterte er auf Rang vier der Weltrangliste.

Dieses hohe Niveau konnte „Kiwi", so Kiefers Spitzname, aber nicht halten. In der Weltrangliste pendelte er zwischen den Plätzen zwölf und 80. Höhepunkte waren Olympiasilber im Doppel mit Rainer Schüttler 2004 in Athen und der Halbfinaleinzug im Einzel bei den Australian Open 2006. Wenige Monate später zog er sich bei einem Sturz in Roland Garros eine Handgelenkverletzung zu, die ihn zu einer einjährigen Pause zwang. 2008 arbeitete er sich noch einmal auf Rang 19 zurück, nach mehreren schwachen Ergebnissen erklärte er jedoch Ende 2010 im Alter von 33 Jahren seinen Rücktritt.

Dem Tennis blieb Kiefer als Nachwuchstrainer verbunden. Auf der ATP-Tour gewann er sechs Turniere im Einzel und drei im Doppel.

4.1.13 Claudia Kohde-Kilsch

Bevor Stefanie Graf das Damentennis dominierte, war Claudia Kohde-Kilsch die deutsche Nummer eins. Dreimal erreichte die groß gewachsene Saarländerin das Halbfinale bei den Australian Open, einmal das von Roland Garros. 1985 schaffte sie es bis auf Rang vier der WTA-Weltrangliste.

Mit ihrer kongenialen Doppelpartnerin Helena Suková (Tschechoslowakei) feierte sie 16 Turniersiege, darunter 1985 die US Open und 1987 Wimbledon. Gemeinsam mit Stefanie Graf gewann sie 1987 den Billie Jean King Cup und 1988 die Bronzemedaille im Doppel bei den Olympischen Spielen in Seoul.

4.1.14 Sabine Lisicki

Ihre größten Erfolge feierte Sabine Lisicki in Wimbledon: 2011 stürmte die Wahlberlinerin als erst zweite Spielerin überhaupt mit einer Wildcard ins Halbfinale, im Doppel schaffte sie es mit Samantha Stosur (Australien) sogar ins Endspiel. 2012 schrammte sie bei den Olympischen Spielen in London, deren Tennisturnier auf dem heiligen Rasen ausgetragen wurde, mit Christopher Kas knapp an der Bronzemedaille im Mixed vorbei.

2013 löste die Aufschlagspezialistin, vom Boulevard in Anlehnung an Boris Becker „Bum Bum Bine" getauft, mit ihrem Finaleinzug kurzzeitig einen Tennisboom aus, der an die großen Zeiten Ende der 1980er-Jahre erinnerte.

2014 stellte sie beim WTA-Turnier in Stanford/Kalifornien mit 210,8 Stundenkilometern den Aufschlagweltrekord auf, ein Jahr später schlug sie in Birmingham 27 Asse in einer Partie – auch dies Rekord auf der Profitour. Das hohe sportliche Niveau konnte Lisicki – zwischenzeitlich Nummer zwölf der Weltrangliste – aber nicht halten. Immer wieder warfen sie Verletzungen und Krankheiten zurück.

Durch ihre zweijährige Beziehung mit Comedian Oliver Pocher war sie in den Medien dennoch omnipräsent.

4.1.15 Helga Masthoff

Unter ihrem Mädchennamen Helga Niessen zog die Essenerin 1970 ins Finale von Roland Garros ein, in dem sie sich der übermächtigen Australierin Margaret Court geschlagen geben musste. Ihre großen Titel feierte sie nach ihrer Heirat im August des gleichen Jahres als Helga Masthoff, unter anderem 1972, 1973 und 1974 im Einzel und im Doppel bei den German Open am Hamburger Rothenbaum.

Ab Mitte der 1960er- bis Ende der 1970er-Jahre war Helga Niessen bzw. Masthoff die deutsche Nummer eins. Bei den Olympischen Spielen 1968 in Mexiko-City gewann sie den Einzel- und den Doppelwettbewerb (mit Edda Buding) und wurde Zweite im Mixed (mit Jürgen Faßbender), allerdings war Tennis dort nur Demonstrationswettbewerb. Mit der deutschen Auswahl zog sie 1966 und 1970 ins Finale des Billie Jean King Cups ein. Gegen die USA bzw. Australien reichte es allerdings nicht zum ganz großen Wurf.

4.1.16 Rainer Schüttler

Zu Beginn des neuen Jahrtausends lief Rainer Schüttler zur Höchstform auf. 2003 erreichte der Hesse sensationell das Finale der Australian Open in Melbourne und das Halbfinale bei den ATP Finals in Houston – beide Male unterlag er Andre Agassi. 2004 schaffte er es bis auf Rang fünf der Weltrangliste und gewann im Doppel mit Nicolas Kiefer Olympiasilber in Athen.

Zahlreiche Verletzungen und Erkrankungen warfen den „Shaker", so Schüttlers Spitzname, jedoch zurück. 2008 erlebte er mit der Halbfinalteilnahme in Wimbledon noch einmal ein Zwischenhoch, 2012 beendete er im Alter von 36 Jahren seine Profikarriere. Auf der ATP-Tour konnte Schüttler jeweils vier Turniere in Einzel und Doppel gewinnen.

Für Schlagzeilen sorgte er 2004, als er bei seinem Achtelfinalsieg in Monaco gegen den Australier Lleyton Hewitt den Schiedsrichter korrigieren wollte, indem er sein Handy aus der Sporttasche holte und den Ballabdruck fotografierte. 2008 stellte Schüttler den Weltverband ITF bloß, als er seine Startberechtigung für die Olympischen Spiele in Peking vor dem internationalen Sportgerichtshof CAS erzwang.

Dem Tennis blieb er treu als Turnierdirektor in Genf und Trainer unter anderem von Angelique Kerber und der deutschen Mannschaft im Billie Jean King Cup.

4.1.17 Hilde Sperling

40 Jahre vor Helga Masthoff eroberte eine andere Essenerin die Tenniswelt. 1931 musste sich Hilde Sperling, damals noch unter ihrem Mädchennamen Krahwinkel, in einem rein deutschen Wimbledonfinale Cilly Aussem geschlagen geben. Zwei Jahre später gewann sie auf dem heiligen Rasen mit Gottfried von Cramm den Titel im Mixed. Nach ihrer Heirat mit dem Dänen Svend Sperling nahm sie dessen Nachnamen und Staatsbürgerschaft an und schaffte 1935, 1936 und 1937 den Titelhat-

trick in Roland Garros. Dazwischen, 1936, zog sie noch einmal ins Finale von Wimbledon ein.

An den Grand-Slam-Turnieren in Australien und New York nahm sie wegen der langen Anreise kein einziges Mal teil. Dafür gewann sie von 1933 bis 1939 ununterbrochen die Internationalen Tennismeisterschaften von Deutschland am Hamburger Rothenbaum. Den letzten ihrer insgesamt 123 internationalen Titel holte sie 1950 im Alter von 41 Jahren in Kopenhagen.

Grand-Slam-Titel: Roland Garros (1935, 1936, 1937)

4.1.18 Michael Stich

Anfang der 1990er-Jahre gesellte sich zu Boris Becker ein zweiter deutscher Weltklassespieler. Im Sommer 1991 stieß Michael Stich zunächst ins Halbfinale von Roland Garros vor, einen Monat später triumphierte er sensationell in Wimbledon. In einem rein deutschen Finale schlug er Boris Becker. 1992 gewann der Pinneberger in Wimbledon den Doppelwettbewerb mit dem US-Amerikaner John McEnroe und Olympiagold in Barcelona im Doppel mit Boris Becker. 1993 holte er mit Stefanie Graf erstmals den Hopman Cup nach Deutschland und führte das DTB-Team zum Gewinn des Davis Cups.

Stichs Stärke war, dass er keine Schwäche hatte. Nach seinem Turniersieg bei den ATP Finals 1993 in Frankfurt rückte er auf Platz zwei der Weltrangliste vor. 1994 gewann er mit der deutschen Mannschaft den World Team Cup in Düsseldorf und erreichte das Finale der US Open, 1996 stand Stich im Endspiel von Roland Garros. 1997 erklärte er im Alter von erst 28 Jahren seinen Rücktritt. Später arbeitete er jahrelang als Turnierdirektor am Rothenbaum.

Grand-Slam-Titel: Wimbledon (1991)

4.1.19 Alexander Zverev

Sein gleichnamiger Vater spielte für die Sowjetunion im Davis Cup, seine Mutter Irina schaffte es in ihrer Profikarriere bis auf Platz 380 der Welt – dem 1997 in Hamburg geborenen Alexander Zverev wurde der Tennisschläger sozusagen in die Wiege gelegt. Auch sein zehn Jahre älterer Bruder Mischa spielte für Deutschland im Davis Cup und erreichte Weltranglistenposition 25. Schon früh wurde klar, dass der jüngere der Brüder das Potenzial für die absolute Spitze besitzt.

Im Juli 2014 gewann er als 17-Jähriger mit dem Challenger in Braunschweig sein erstes Profiturnier. Im Mai 2015 stieß er unter die Top 100, im August 2017 unter die Top Ten der Weltrangliste vor. Im November des gleichen Jahres schaffte es der 1,98-Meter-Hüne mit den wuchtigen Grundschlägen sogar bis auf Rang drei. Mit dem Gewinn der ATP Finals 2018 in London feierte Zverev seinen größten Erfolg, im September 2020 zog er in New York erstmals ins Finale eines Grand-Slam-Turniers ein.

4.2 DIE BESTEN EUROPÄER

4.2.1 Björn Borg

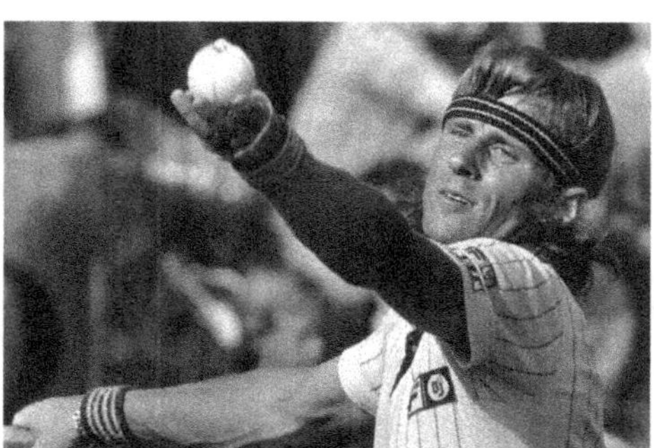

Nicht nur wegen seiner Erfolge prägte der Schwede mit den langen Haaren und dem Stirnband ab 1974 das Profitennis. Björn Borg machte auch die beidhändige Rückhand, wie sie heute die meisten Spieler spielen, hoffähig.

Mit 15 debütierte er im Davis Cup, mit 17 gewann er erstmals Roland Garros. Fünf weitere Titel in Paris sollten folgen. Fünfmal in Folge triumphierte er in Wimbledon. 109 Wochen stand der Grundlinienspezialist mit den eisernen Nerven (Spitzname „Eis-Borg") ab August 1977 an der Spitze der Weltrangliste.

Einmal holte er mit Schweden den Davis Cup, zweimal siegte er bei den ATP Finals. Zwischen Oktober 1979 und Juni 1980 gewann er zehn Turniere in Folge – Rekord in der Open Era. Bei den US Open hingegen verlor Borg viermal das Finale, zweimal davon gegen seinen Erzrivalen John McEnroe. An den Australian Open nahm er nur ein einziges Mal gleich zu Beginn seiner Profikarriere teil. 1983 erklärte er im Alter von gerade einmal 26 Jahren überraschend seinen Rücktritt. Mehrere Comebackversuche verliefen unglücklich.

Grand-Slam-Titel: Roland Garros (1974, 1975, 1978, 1979, 1980, 1981), Wimbledon (1976, 1977, 1978, 1979, 1980)

4.2.2 Novak Djoković

Als Zwölfjähriger rückte der Serbe 1999 in die Tennisakademie von Nikola Pilić in Oberschleißheim bei München ein. 2004 gewann er mit dem ATP Challenger in Aachen sein erstes Profiturnier, 2008 in Melbourne sein erstes Major. 2011 übernahm Novak Djoković erstmals die Führung der Weltrangliste, im März 2021 löste er Roger Federer (insgesamt 310 Wochen) als ewigen Spitzenreiter ab. Mit neun Titeln ist Djoković Rekordsieger bei den Australian Open. 2016 war er nach seinem Erfolg in Roland Garros Titelträger bei allen vier Grand-Slam-Turnieren gleichzeitig.

Djoković ist ein aggressiver Grundlinienspieler mit der Präzision und Zuverlässigkeit eines Uhrwerks, die beidhändige Rückhand longline und der ansatzlose Stopp sind seine stärksten Schläge. In seiner Vita stehen zudem fünf Titel bei den ATP Finals und jeweils einer mit der serbischen Auswahl im Davis Cup und im ATP Cup.

2020 sorgte Djoković für Negativschlagzeilen. Zunächst durch die von ihm veranstaltete Adria Tour, bei der sich vier Profis, darunter er selbst, mit Corona infizierten. Kurze Zeit später durch seine Disqualifikation bei den US Open, als er aus Frust einen Ball wegschlug und damit eine Linienrichterin traf.

Grand-Slam-Titel: Australian Open (2008, 2011, 2012, 2013, 2015, 2016, 2019, 2020, 2021), Roland Garros (2016), Wimbledon (2011, 2014, 2015, 2018, 2019), US Open (2011, 2015, 2018)

4.2.3 Stefan Edberg

Die Stefan-Edberg-Kollektion von Adidas wurde in den 1980er- und 1990er-Jahren auch auf deutschen Tennisplätzen häufig gesichtet. Der Schwede aus der Provinz Smaland lieferte sich damals legendäre Duelle mit dem ein Jahr jüngeren Boris Becker in Wimbledon und im Davis Cup. Dreimal hintereinander standen sich die Serve-and-Volley-Spezialisten auf dem heiligen Rasen in London im Finale gegenüber, 1988 und 1990 konnte Edberg gewinnen. In den Davis-Cup-Endspielen triumphierte er 1985 mit dem schwedischen Team, 1988 und 1989 musste er sich Becker und Kollegen geschlagen geben. Ab August 1990 führte Edberg 72 Wochen die Weltrangliste an.

Auch im Doppel konnte der Blondschopf drei Majorturniere gewinnen: 1987 mit seinem Landsmann Anders Järryd in Melbourne und New York, 1996 mit dem Tschechen Petr Korda noch einmal in Melbourne. Dies war zugleich sein letzter großer Erfolg. Nach der Saison beendete er seine Karriere und wurde Geschäftsmann. 2014 und 2015 gab Edberg ein Comeback in der Tennisszene als Trainer von Roger Federer.

Grand-Slam-Titel: Australian Open (1985, 1987), Wimbledon (1988, 1990), US Open (1991, 1992)

4.2.4 Roger Federer

Für viele Tennisfans ist Roger Federer der beste Spieler in der Geschichte dieses Sports. Der Schweizer ist Rekordsieger in Wimbledon (acht Titel), er ist Rekordsieger bei den ATP Finals (sechs Titel), er stand die längste Zeit ohne Unterbrechung an der Weltranglistenspitze (237 Wochen in Serie, 310 Wochen insgesamt). Und er war über ein Jahrzehnt lang der Spieler mit den meisten Titeln (20) bei Grand-Slam-Turnieren, ehe im Oktober 2020 sein ewiger Rivale Rafael Nadal gleichzog.

Im Sommer 1998 debütierte der gebürtige Basler auf der ATP Tour. Bis zu seinem ersten Titelgewinn im Februar 2001 in Mailand vergingen über zwei, bis zu seinem ersten Grand-Slam-Erfolg 2003 in Wimbledon sogar fast fünf Jahre. Von da an gab es aber kein Halten mehr. Federer dominierte das Herrentennis im Verbund mit den etwas jüngeren Rafal Nadal und Novak Djoković, wie man es nie zuvor erlebt hatte.

Von 64 Grand-Slam-Turnieren zwischen 2005 und 2020 wurden 55 (!) von einem dieser drei Spieler gewonnen, nicht umsonst werden sie „The Big Three" genannt. Federers große Stärke ist die Vielseitigkeit, alle seine Schläge sind technisch perfekt ausgeführt.

Weitere Erfolge: 2014 führte er die Schweiz zum Gewinn des Davis Cups, 2008 in Peking gewann er mit seinem Landsmann Stan Wawrinka Olympiagold im Doppel, 2012 in London Olympiasilber im Einzel. Aufgrund seiner aus Johannesburg stammenden Mutter besitzt er auch die südafrikanische Staatsbürgerschaft.

Grand-Slam-Titel: Australian Open (2004, 2006, 2007, 2010, 2017, 2018), Roland Garros (2009), Wimbledon (2003, 2004, 2005, 2006, 2007, 2009, 2012, 2017), US Open (2004, 2005, 2006, 2007, 2008)

4.2.5 Martina Hingis

Im Alter von sieben Jahren war Martina Hingis mit ihrer Mutter, der tschechoslowakischen Tennistrainerin Melanie Molitorová, in die Schweiz emigriert. Als 14-Jährige gab sie 1994 ihr Debüt auf der Profitour. Im März 1997 löste sie Stefanie Graf an der Spitze der Weltrangliste ab, ein Jahr später stand sie auch in der Doppelwertung auf Platz eins. Martina Hingis war zur Jahrtausendwende die dominierende Spielerin im Damentennis.

Anfang 2003 gab sie im Alter von erst 22 Jahren ihren Rücktritt wegen chronischer Fußprobleme bekannt. Nach einem missglückten Comebackversuch 2006 und 2007, der mit einer zweijährigen Dopingsperre geendet hatte, erlebte sie als Doppelspezialistin eine zweite Karriere und eroberte sich hier im Januar 2016 die Führung in der Weltrangliste zurück.

Zusätzlich arbeitete sie als Trainerin von Sabine Lisicki und Belinda Bencic. Im Oktober 2017 beendete Martina Hingis endgültig ihre Karriere, in der sie fünf Grand-Slam-Turniere im Einzel, 13 im Doppel und sieben im Mixed gewinnen konnte. Weiterer Meilenstein: 1996 in Wimbledon wurde sie im Doppel mit Helena Suková mit 15 Jahren und neun Monaten zur jüngsten Grand-Slam-Siegerin überhaupt.

Grand-Slam-Titel: Australian Open (1997, 1998, 1999), Wimbledon (1997), US Open (1997)

4.2.6 René Lacoste

Als „die vier Musketiere" wurden die Franzosen René Lacoste, Jean Borotra, Jacques Brugnon und Henri Cochet bezeichnet, die Ende der 1920er- und Anfang der 1930er-Jahre das Herrentennis dominierten und zusammengenommen 20 Grand-Slam-Titel im Einzel und 23 im Doppel feiern konnten. Sechsmal hintereinander führten sie die Grande Nation zum Gewinn des Davis Cups.

Lacoste war der Bekannteste und Erfolgreichste von ihnen. Er siegte bei sieben Majors im Einzel und bei drei im Doppel. 1924 holte er in seiner Heimatstadt Paris zudem Olympiabronze im Doppel (mit Borotra). Bereits im Alter von 25 Jahren musste er 1929 seine Karriere wegen einer Lungenkrankheit vorzeitig beenden, weshalb er bei den letzten drei Davis-Cup-Triumphen der Franzosen fehlte.

1933 gründete Lacoste eine Modefirma. Deren Logo, ein Krokodil, ist heute eines der bekanntesten Markenzeichen weltweit. Es geht auf Lacostes Spitznamen als Spieler („Le Crocodile") zurück.

Grand-Slam-Titel: Roland Garros (1925, 1927, 1929), Wimbledon (1925, 1928), US Open (1926, 1927)

4.2.7 Ivan Lendl

Die US-Presse taufte den unterkühlt wirkenden Tschechoslowaken in Zeiten des Kalten Krieges „Ivan, der Schreckliche". Anfang der 1980er-Jahre lieferte sich Ivan Lendl, dessen Markenzeichen lange Zeit ein Adidas-Racket mit kleinem Schlägerkopf war, zahlreiche Duelle mit den US-Stars Jimmy Connors und John McEnroe. Im Februar 1983 übernahm er erstmals die Spitzenposition in der Weltrangliste, die er bis August 1990 mit Unterbrechungen 270 Wochen hielt. Niedriger als Rang drei stand er in dieser Zeit nie.

Nach vier verlorenen Endspielen gewann Lendl 1984 in Paris seinen ersten Grand-Slam-Titel. Bis 1990 sollten sieben weitere folgen. Fünfmal siegte er bei den ATP Finals, einmal gewann er mit der Tschechoslowakei den Davis Cup.

In der Endphase seiner Karriere nahm Lendl die Staatsbürgerschaft der USA an, wo er bereits seit 1984 seinen Lebensmittelpunkt hatte. Als Trainer führte er Andy Murray zu drei Majortiteln und zwei Goldmedaillen bei Olympia.

Grand-Slam-Titel: Australian Open (1989, 1990), Roland Garros (1984, 1986, 1987), US Open (1985, 1986, 1987)

4.2.8 Suzanne Lenglen

Die Französin war der erste weibliche Weltstar im Tennis. Sie gewann zwischen 1919 und 1926 insgesamt 81 Turniere im Einzel, 73 im Doppel und acht im Mixed. Jeweils sechsmal triumphierte sie in Roland Garros und Wimbledon, davon allerdings neunmal vor 1924, als diese Turniere noch keinen Grand-Slam-Status hatten. 1920 in Antwerpen gewann sie zudem Olympiagold im Einzel und im Mixed.

Lenglen wurde wegen ihres Könnens und ihrer Ausstrahlung von der Presse und von den Zuschauern als „La Divine" (die Göttliche) verehrt. Im Sommer 1926 wechselte sie als erste Spielerin ins US-Profilager, wo sie bei 40 Showkämpfen die für die damalige Zeit gigantische Summe von 100.000 US-Dollar kassierte – kein Sportler auf der Welt verdiente seinerzeit mehr.

1938 starb sie im Alter von nur 39 Jahren an Leukämie. Ihr zu Ehren trägt der zweitgrößte Platz auf der Anlage von Roland Garros den Namen Court Suzanne Lenglen.

Grand-Slam-Titel: Roland Garros (1925, 1926), Wimbledon (1925)

4.2.9 Andy Murray

Häufig ist nicht nur von den „Big Three" (Roger Federer, Rafael Nadal, Novak Djoković) die Rede. Mache Experten sprechen von den „Big Four" und beziehen dabei Andy Murray ein. Vier Jahre lang hatte diese Wertschätzung zweifellos ihre Berechtigung. 2012 gewann der Schotte, mit vollen Namen Andrew Murray, erst Olympiagold auf dem heiligen Rasen in Wimbledon und im Anschluss daran die US Open – er war damit der erste britische Grand-Slam-Sieger seit Fred Perry 1936. Im folgenden Jahr holte er erstmals den Titel in Wimbledon, 2016 wiederholte er diesen Triumph und gewann noch einmal Olympiagold in Rio. 2015 führte er das britische Team, in dem auch sein jüngerer Bruder Jamie spielte, zum Sieg im Davis Cup.

41 Wochen lang stand Murray an der Spitze der Weltrangliste, 2017 wurde er wegen seiner Verdienste um den Tennissport in den Adelsstand erhoben. Andauernde gesundheitliche Probleme verhinderten jedoch, dass er dauerhaft mit Federer, Nadal und Djoković mithalten konnte. Bereits 2013 musste er sich einer Rückenoperation unterziehen, ab 2017 setzten ihm Hüftprobleme zu. 2019 ließ er sich ein künstliches Hüftgelenk einsetzen.

Grand-Slam-Titel: Wimbledon (2013, 2016), US Open (2012)

4.2.10 Rafael Nadal

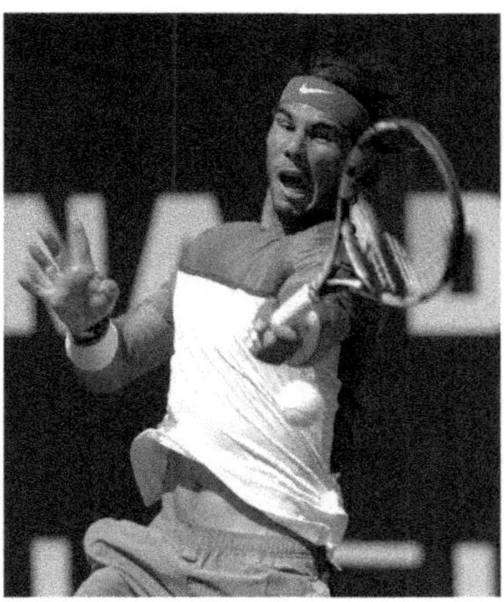

Rafael Nadal gilt als der beste Sandplatzspieler der Tennisgeschichte und für viele als der beste Spieler überhaupt. Mit seinem 20. Grand-Slam-Titel im Oktober 2020 in Roland Garros zog der Spanier in der ewigen Bestenliste mit seinem ewigen Rivalen Roger Federer gleich. 13-mal konnte der „King of Clay" zwischen 2005 und 2020 in Paris im Einzel gewinnen – Björn Borg, die Nummer zwei der Bestenliste, kommt nicht einmal auf die halbe Anzahl. Viermal triumphierte Nadal zudem bei den US Open, zweimal in Wimbledon und einmal bei den Australian Open.

Ab August 2008 führte der aus Manacor/Mallorca stammende Linkshänder 209 Wochen die Weltrangliste an. Als Nadals Stärken gelten die Nervenstärke, die körperliche Fitness (Spitzname „Der Stier aus Monacor") und die mit einem extremen Topspin geschlagenen Vorhandbälle.

Weitere Erfolge: Fünfmal führte er die spanische Mannschaft zum Gewinn des Davis Cups, 2008 in Peking holte er Olympiagold im Einzel und 2016 in Rio de Janeiro mit seinem Landsmann Marc López Olympiagold im Doppel.

Nadals Tennisakademie in seiner Heimatstadt gehört zu den besten Anlagen weltweit.

Grand-Slam-Titel: Australian Open (2009), Roland Garros (2005, 2006, 2007, 2008, 2010, 2011, 2012, 2013, 2014, 2017, 2018, 2019, 2020), Wimbledon (2008, 2010), US Open (2010, 2013, 2017, 2019)

4.2.11 Ilie Năstase

Der Rumäne ging als erster Spitzenreiter der ATP-Weltrangliste in die Tennisgeschichte ein. 40 Wochen lang führte Ilie Năstase von August 1973 bis Juni 1974 das Ranking an. Neben zwei Grand Slams gewann er viermal die ATP Finals (1971, 1972, 1973, 1975). Der Einzeltitel in Wimbledon blieb ihm versagt, zweimal unterlag er im Finale. Dafür triumphierte er auf dem heiligen Rasen einmal im Doppel und zweimal im Mixed. Zwei weitere Doppeltitel gelangen ihm in Roland Garros und bei den US Open.

Grand-Slam-Titel: Roland Garros (1973), US Open (1972)

4.2.12 Martina Navratilova

Die Rivalitäten zwischen Martina Navratilova und Chris Evert sowie später Stefanie Graf prägten fast 15 Jahre lang das Damentennis. 1978 holte die gebürtige Tschechoslowakin ihren ersten von neun Einzeltiteln in Wimbledon, sechs davon gelangen ihr in Folge – beides Rekord auf dem heiligen Rasen. Insgesamt gewann die Linkshänderin mit dem aggressiven Spielstil 18 Grand-Slam-Turniere im Einzel, 31 im Doppel und zehn im Mixed. Ab Juli 1978 stand sie 332 Wochen auf Platz eins der Weltrangliste, ab September 1984 führte sie 237 Wochen die Doppelwertung an

1975 hatte Navratilova in den USA um politisches Asyl gebeten, 1981 erhielt sie die US-Staatsbürgerschaft. 1982 war sie die erste Spielerin, die mehr als eine Million Dollar Preisgeld verdiente. Weitere Bestmarken sind die 168 Einzeltitel und 184 Doppeltitel, die sie zwischen 1974 und 2006 gewinnen konnte – den letzten davon im Alter von 49 Jahren in Montreal. Zehnmal siegte sie bei den WTA Finals, 1975 mit der Tschechoslowakei sowie 1982, 1986 und 1989 mit den USA gewann sie den Billie Jean King Cup.

Navratilovas äußeres Markenzeichen war über viele Jahre hinweg die Brille mit dem dünnen Silbergestell. Der Spielerinnenvereinigung WTA stand sie zwischenzeitlich als Präsidentin vor. 2015 kehrte sie als Trainerin der Polin Agnieszka Radwańska kurzzeitig auf die Profitour zurück.

Grand-Slam-Titel: Australian Open (1981, 1983, 1985), Roland Garros (1982, 1984), Wimbledon (1978, 1979, 1982, 1983, 1984, 1985, 1986, 1987, 1990), US Open (1983, 1984, 1986, 1987)

4.2.13 Fred Perry

1929 wurde der Engländer in Budapest Weltmeister im Tischtennis. Danach griff Fred Perry nur noch zum größeren Schläger. Ab 1933 führte er die britische Mannschaft viermal hintereinander zum Gewinn des Davis Cups, ab 1934 gewann er dreimal in Folge das Turnier in Wimbledon. Als erstem Spieler überhaupt und als bis heute einzigem Briten gelang ihm der Karriere-Grand-Slam. Ende 1936 wechselte Frederick John Perry, so sein vollständiger Name, ins Profilager und nahm die Staatsbürgerschaft der USA an.

Für die Air Force diente er im Zweiten Weltkrieg. 1947 kehrte er in seine englische Heimat zurück und machte nach seinem Karriereende 1956 –

wie zuvor der Franzose René Lacoste – Karriere als Modeschöpfer. Perry gilt als Erfinder des Schweißbandes an den Handgelenken. 1984 wurde auf der Anlage von Wimbledon die Fred-Perry-Statue errichtet.

Grand-Slam-Titel: Australian Open (1934), Roland Garros (1935), Wimbledon (1934, 1935, 1936), US Open (1933, 1934, 1936)

4.2.14 Maria Scharapova

Zur Jahrtausendwende begeisterte Anna Kournikova viele männliche Tennisfans wegen ihres Aussehens, einen Einzeltitel auf der Profitour konnte die Russin jedoch nie gewinnen. Kurze Zeit später erschien ihre nicht minder attraktive Landsfrau Maria Scharapova auf der großen Tennisbühne – und überzeugte noch dazu sportlich. 2004 gewann die Aufschlag- und Grundlinienspezialistin aus Sibirien mit 17 Jahren überraschend Wimbledon und die WTA Finals, 2006 ließ sie den Titelgewinn bei den US Open folgen, 2012 in Roland Garros machte sie den Karriere-Grand-Slam perfekt. Ab August 2005 stand Scharapova mit Unterbrechungen 21 Wochen an der Spitze der Weltrangliste.

Obwohl sie bereits im Alter von sieben Jahren mit ihrem Vater nach Florida übergesiedelt war und seither in den USA sesshaft ist, wurde Scharapova zur russischen Fahnenträgerin bei den Olympischen Spielen 2012 in London ernannt. Dort holte sie Silber. 2008 führte sie ihr Heimatland zum Gewinn des Billie Jean King Cups.

Grand-Slam-Titel: Australian Open (2008), Roland Garros (2012, 2014), Wimbledon (2004), US Open (2006)

4.2.15 Monika Seles

Die Rivalität zwischen Monika Seles und Stefanie Graf prägte Anfang der 1990er-Jahre das Damentennis. Mit zwölf Jahren schloss sich die gebürtige Jugoslawin der Tennisakademie von Nick Bolletieri in Bradenton/ Florida an, mit 16 Jahren und sechs Monaten wurde sie 1990 die bis heute jüngste Siegerin von Roland Garros. Markenzeichen der Linkshänderin waren die unorthodoxe Schlagtechnik – sie spielte sowohl Rückhand als auch Vorhand beidhändig – und das laute Stöhnen bei jedem Schlag.

Im März 1991 übernahm sie die Führung der Weltrangliste und hatte diese auch inne, als ihr am 30. April 1993 während ihrer Viertelfinalpartie beim Turnier am Hamburger Rothenbaum von einem Geistesgestörten ein Messer in den Rücken gerammt wurde. Seles setzte danach über zwei Jahre mit dem Tennis aus. 1996 krönte sie – inzwischen US-Staatsbürgerin – bei den Australian Open mit ihrem neunten Grand-Slam-Titel ihr Comeback. Danach warfen sie immer wieder Verletzungen aus der Bahn.

Dreimal gewann Seles die WTA Finals, dreimal mit dem US-Team den Billie Jean King Cup, 2000 holte sie Olympiabronze in Sydney.

Grand-Slam-Titel: Australian Open (1991, 1992, 1993, 1996), Roland Garros (1990, 1991, 1992), US Open (1991, 1992)

4.2.16 Mats Wilander

Der Schwede trat in die Fußstapfen seines Landsmannes Björn Borg, als er 1982 im Alter von erst 17 Jahren überraschend Roland Garros gewann. Sechs weitere Grand-Slam-Titel sollten bis 1988 folgen. Mats Wilander ist bis heute einer von nur sechs Spielern, der Majortitel auf allen Belägen holte – 1983 und 1984 fanden die Australian Open noch auf Rasen statt. Nach seinem US-Open-Sieg 1988 führte er 20 Wochen lang die Weltrangliste an. Mit seinem kongenialen Landsmann Stefan Edberg führte er Schweden dreimal zum Gewinn des Davis Cups, mit seinem Jugendfreund Joakim Nyström siegte er 1986 in Wimbledon im Doppel.

Wilander war ein Grundlinienspezialist mit eisernen Nerven, manche bezeichneten ihn als „Schachspieler auf dem Tennisplatz". Nach seiner aktiven Karriere trainierte er unter anderem Marat Safin und war Kapitän des schwedischen Davis-Cup-Teams.

Grand-Slam-Titel: Australian Open (1983, 1984, 1988), Roland Garros (1982, 1985, 1988), US Open (1988)

4.3 DIE BESTEN US-AMERIKANER

4.3.1 Andre Agassi

Als einer von nur zwei US-Amerikanern konnte Andre Agassi alle vier Majorturniere und damit den Karriere-Grand-Slam gewinnen. Seine 20-jährige Profilaufbahn war zweigeteilt. Zunächst pflegte er mit seinen langen Haaren und seinem schrillen Outfit ein Rebellenimage. Aus Protest gegen die Kleiderordnung verzichtete er sogar drei Jahre lang auf den Start in Wimbledon. Im April 1995 stand er in der Weltrangliste erstmals an der Spitze.

1997 der Absturz: Verletzungen, Motivationsprobleme, private Probleme. Er rutschte bis auf Rang 141 ab. Doch der Mann aus Las Vegas kämpfte sich zurück. Nach den Titeln in Paris und New York stand Agassi, der längst ein seriöses Erscheinungsbild pflegte, 1999 wieder ganz oben. Bis zu seinem Karriereende 2006 hatte er die Spitzenposition insgesamt 101 Wochen inne. Sein aggressiver Return galt damals als der beste der Welt.

Neben acht Majors gewann Agassi 1996 in Atlanta Olympiagold und mit dem US-Team dreimal den Davis Cup. Seit 1999 ist er mit Stefanie Graf liiert, die er zwei Jahre später heiratete. 2017 kehrte er als Trainer von Novak Đoković für ein Dreivierteljahr auf die große Tennisbühne zurück.

Grand-Slam-Titel: Australian Open (1995, 2000, 2001, 2003), Roland Garros (1999), Wimbledon (1992), US Open (1994, 1999)

4.3.2 Arthur Ashe

Das *Tennis Magazin* beschrieb Arthur Ashe als „mehr als einen Sportler, er war Pionier und Idol in einer Zeit des politischen und gesellschaftlichen Umbruchs". 1963 wurde er als erster dunkelhäutiger Spieler ins Davis-Cup-Team der USA berufen und über die Tennisszene hinaus als Kämpfer für die Rechte der Afroamerikaner berühmt. Zudem war er Mitte der 1970er-Jahre Präsident der Spielervereinigung ATP.

Die Höhepunkte seiner sportlichen Karriere waren die Erfolge bei den ersten US Open der Open Era 1968 und der Wimbledonsieg 1975. Viermal gewann er mit dem US-Team den Davis Cup, im Mai 1976 schaffte er es bis auf Platz zwei der Weltrangliste. Darüber hinaus gewann er zwei Grand-Slam-Titel im Doppel.

Im Alter von 36 Jahren erlitt Ashe einen Herzinfarkt, nach dem er seine Karriere beenden musste. 1993 starb er an Aids, nachdem er fünf Jahre zuvor bei einer Bypassoperation eine mit HIV kontaminierte Blutkonserve erhalten hatte. Ihm zu Ehren trägt der 1997 neu erbaute Center Court bei den US Open, das größte Tennisstadion der Welt, den Namen Arthur Ashe Stadium.

Grand-Slam-Titel: Australian Open (1970), Wimbledon (1975), US Open (1968)

4.3.3 Bob Bryan/Mike Bryan

Die Zwillinge Robert und Michael Bryan, kurz Bob und Mike Bryan, sind das beste Doppelpaar der Tennisgeschichte. Gemeinsam gewannen die US-Amerikaner 16 Grand-Slam- und 98 ATP-Turniere sowie viermal die ATP Finals.

Als Linkshänder Bob 2018 wegen einer Hüftverletzung pausieren musste, räumte der zwei Minuten ältere Rechtshänder Mike mit seinem Interimspartner Jack Sock die Trophäen in Wimbledon und New York ab.

Ab September 2003 standen sie 438 Wochen gemeinsam an der Spitze der Doppelweltrangliste (Mike insgesamt 506 Wochen), 2007 gewannen sie mit den US-Team den Davis Cup, 2012 holten sie in London Olympiagold. Auch im Mixed feierten die Bryans Erfolge: Mike siegte mit unterschiedlichen Partnerinnen bei vier, Bob sogar bei sieben Grand-Slam-Turnieren. Im August 2020 beendeten die Zwillinge im Alter von 42 Jahren ihre Karrieren.

Grand-Slam-Titel im Doppel: Australian Open (2006, 2007, 2009, 2010, 2011, 2013), Roland Garros (2003, 2013), Wimbledon (2006, 2011, 2013), US Open (2005, 2008, 2010, 2012, 2014)

4.3.4 Don Budge

John Donald Budge, den alle nur Don nannten, war der erste Spieler, dem der Grand Slam gelang. 1938 gewann der US-Amerikaner nacheinander die Australian Open, Roland Garros, Wimbledon und die US Open.

Nach sechs Grand-Slam-Titeln im Einzel, vier im Doppel und vier im Mixed wechselte er ins Profiliger, wo er – abgesehen von seiner Zeit bei der US Air Force im Zweiten Weltkrieg – bis 1955 spielte. Budges Rückhand galt zur damaligen Zeit als die beste der Welt.

Grand-Slam-Titel: Australian Open (1938), Roland Garros (1938), Wimbledon (1937, 1938), US Open (1937, 1938)

4.3.5 Jimmy Connors

Ein Vierteljahrhundert spielte der US-Amerikaner aus Illinois auf der Profitour. Mit 1557 Partien, 1274 Siegen und 109 Einzeltiteln führt er die Bestenlisten an. James „Jimmy" Connors gewann zwischen 1973 und

1983 acht Grand-Slam-Turniere im Einzel und mit dem Rumänen Ilie Năstase zwei im Doppel. Je einmal holte er den Davis Cup und den Titel bei den ATP Finals. Zwischen Juli 1974 und Juni 1983 stand er 268 Wochen an der Spitze der Weltrangliste.

Connors spielte als erster bekannter Profi mit einem Stahlschläger (Wilson T 2000) und machte gemeinsam mit dem Schweden Björn Borg die beidhändige Rückhand hoffähig. Erst 1996 beendete er im Alter von 43 Jahren seine Profikarriere. Danach arbeitete er als Trainer von Andy Roddick, Maria Scharapova und Eugenie Bouchard.

Grand-Slam-Titel: Australian Open (1974), Wimbledon (1974, 1982), US Open (1974, 1976, 1978, 1982, 1983)

4.3.6 Chris Evert

Mitte der 1970er-Jahre waren Chris Evert und Jimmy Connors das amerikanische Sporttraumpaar, gemeinsam nahmen sie 1974 sogar am Mixedwettbewerb der US Open teil. Beide gehörten zu den ersten Spitzenspielern, die eine beidhändige Rückhand spielten. 1979 heiratete die 18-malige Grand-Slam- und sechsmalige WTA-Finals-Gewinnerin den britischen Tennisspieler John Lloyd und führte acht Jahre lang den Doppelnamen Evert-Lloyd. 1975 ging sie als erste Spitzenreiterin der WTA-Weltrangliste in die Tennisgeschichte ein.

In den folgenden zehn Jahren führte Evert 260 Wochen das Ranking an. Achtmal gewann sie mit dem US-Team zwischen 1977 und 1989 den Billy Jean King Cup und ist damit Rekordsiegerin in diesem Wettbewerb. Zehn Jahre lang stand die aus Florida stammende Christine Evert, so ihr voller Name, der Spielerinnenvereinigung WTA als Präsidentin vor.

Grand-Slam-Titel: Australian Open (1982, 1984), Roland Garros (1974, 1975, 1979, 1980, 1983, 1985, 1986), Wimbledon (1974, 1976, 1981), US Open (1975-1978, 1980, 1982)

4.3.7 Pancho Gonzales

Pancho wer? Der US-Amerikaner mexikanischer Abstammung, mit richtigem Namen Ricardo Gonzales, wechselte nach seinen Erfolgen bei den US Open 1948 und 1949 bereits mit 21 Jahren ins Profilager und durfte deshalb nicht mehr an Grand-Slam-Turnieren teilnehmen. Von Mitte der 1950er- bis Mitte der 1960er-Jahre galt er als bester Spieler der Welt.

In Schaukämpfen schlug er die besten Amateure, kurz nachdem diese ebenfalls zu den Profis gewechselt waren, wie etwa Rod Laver, Ken Rosewall oder Roy Emerson. Nach Beginn der Open Era schaffte er es 1968 als 40-Jähriger bis ins Halbfinale von Roland Garros.

Grand-Slam-Titel: US Open (1948, 1949)

4.3.8 Billy Jean King

Die US-Amerikanerin war mehr als nur eine herausragende Tennisspielerin, die zwischen 1966 und 1975 zwölf Grand-Slam-Turniere gewinnen konnte. Billy Jean King war Anfang der 1970er-Jahre auch Wortführerin der Damen („Original Nine"), die für eine gerechtere Verteilung der Preisgelder kämpften. 1973 rief sie die Spielerinnenvereinigung WTA ins Leben.

In einem spektakulären Schaukampf („Battle of the Sexes") bezwang sie im gleichen Jahr den ehemaligen Wimbledonsieger Bobby Riggs. Den letzten ihrer 78 Einzeltitel gewann die Kalifornierin 1983 in Birmingham im Alter von 39 Jahren, ihr letztes Doppel auf der Profitour bestritt sie 1990 in Boca Raton als 46-Jährige. 16 weitere Grand-Slam-Titel gewann King im Doppel, elf im Mixed.

Zur Saison 2021 wurde ihr zu Ehren der bis dahin unter den Bezeichnungen Federations Cup und Fed Cup firmierende Nationenwettbewerb in Billie Jean King Cup umbenannt.

Grand-Slam-Titel: Australian Open (1968), Roland Garros (1972), Wimbledon (1966, 1967, 1968, 1972, 1973, 1975), US Open (1967, 1971, 1972, 1974)

4.3.9 Jack Kramer

Seine größten Erfolge feierte John Albert „Jack" Kramer 1946 und 1947, als er einmal in Wimbledon, zweimal die US Open und zweimal mit dem US-Team den Davis Cup gewann. Unmittelbar danach wechselte er ins Profilager. Sein Debüt am zweiten Weihnachtstag 1947 gegen Bobby Riggs lockte über 15 000 Zuschauer in den Madison Square Garden, obwohl einer der heftigsten Schneestürme in der Geschichte New Yorks tobte. Nach dem vorzeitigen Ende seiner Profikarriere wegen Rückenproblemen im Alter von 33 Jahren machte er als Promoter und Funktionär Karriere.

Der sogenannte Kramer-Zirkus wurde zum Synonym für das Profitennis weltweit. 1970 entwickelte er den Grand-Prix-Circuit des Weltverbandes ITF, 1971 gehörte er zu den Gründungsmitgliedern der Spielervereinigung ATP und wurde zu deren Executive Director gewählt. Kramer war einer der ersten Serve-and-Volley-Spieler überhaupt. Sechs weitere Grand-Slam-Titel gewann er im Doppel und einen im Mixed.

Grand-Slam-Titel: Wimbledon (1947), US Open (1946, 1947)

4.3.10 John McEnroe

Der in Wiesbaden geborene US-Amerikaner löste seinen Erzrivalen Björn Borg Anfang der 1980er Jahre als Nummer eins der Welt ab. John McEnroe gewann viermal die US Open, dreimal Wimbledon und dreimal die ATP Finals. 170 Wochen stand er an der Spitze der Weltrangliste, fünfmal führte er das US-Team zum Gewinn des Davis Cups.

Der temperamentvolle Linkshänder, dessen Wutausbrüche und Schiedsrichterbeleidigungen („You cannot be serious!") zur Legende wurden, war zudem ein exzellenter Doppelspieler. Hier stand er sogar 257 Wochen an der Weltspitze und konnte neun Grand-Slam-Titel gewinnen, unter anderem 1992 in Wimbledon mit Michael Stich. Auch McEnroes sieben Jahre jüngerer Bruder Patrick war Profi (höchster Weltranglistenplatz 28).

Grand-Slam-Titel: Wimbledon (1981, 1983, 1984), US Open (1979, 1980, 1981, 1984)

4.3.11 Pete Sampras

Der US-Amerikaner prägte mit seinen Landsleuten Andre Agassi und Jim Courier das Herrentennis in den 1990er-Jahren. Mit 14 Grand-Slam-Titeln, sieben davon allein in Wimbledon, belegt Pete Sampras in der ewigen Bestenliste den vierten Platz. Ab April 1993 stand er 286 Wochen an der Spitze der Weltrangliste, fünfmal gewann er die ATP Finals, zweimal den Davis Cup.

Trotz seiner herausragenden Erfolge fehlte dem Serve-and-Volley-Spezialisten – Spitzname „Pistol Pete" – jedoch die Ausstrahlung, die beispielsweise ein John McEnroe, Boris Becker oder auch sein Erzrivale Andre Agassi hatten.

Grand-Slam-Titel: Australian Open (1994, 1997), Wimbledon (1993, 1994, 1995, 1997, 1998, 1999, 2000), US Open (1990, 1993, 1995, 1996, 2002)

4.3.12 Bill Tilden

Dreimal gewann der US-Amerikaner in Wimbledon, siebenmal bei den US Open – sechs dieser Titel errang er allerdings vor 1924, als diese Turniere noch keinen Grand-Slam-Status hatten. William „Bill" Tilden war mit seinem harten Aufschlag und seinem für die damalige Zeit aggressiven Stil der dominierende Spieler der 1920er-Jahre.

Siebenmal führte er das US-Team zum Gewinn des Davis Cups. Erfolge gelangen ihm auch im Doppel (fünfmal US Open, einmal Wimbledon) und Mixed (viermal US Open). Ab 1930 trainierte er die Deutsche Cilly Aussem, mit der er im gleichen Jahr den Mixedtitel von Roland Garros gewann. 1931 wechselte er ins Profilager, wo er bis ins hohe Alter von 58 (!) Jahren spielte.

Grand-Slam-Titel: Wimbledon (1930), US Open (1924, 1925, 1929)

4.3.13 Serena Williams

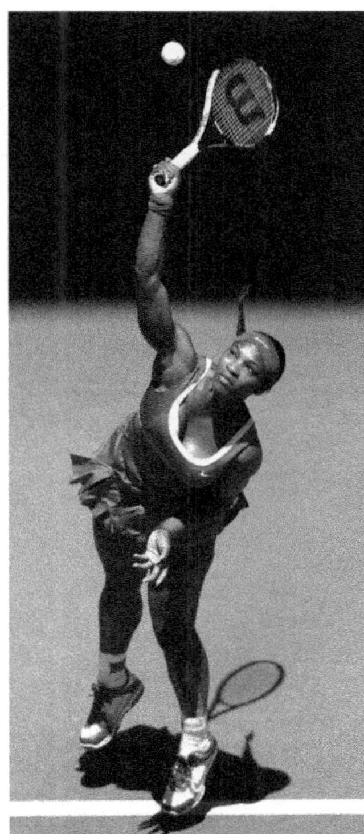

Mit 23 Grand-Slam-Titeln ist Serena Williams die erfolgreichste Spielerin der Open Era. Mitte der 1990er-Jahre betrat sie mit ihrer ein Jahr älteren Schwester, der siebenmaligen Majorsiegerin Venus Williams, die große Tennisbühne und gewann danach alles, was es zu gewinnen gibt.

Ab 2002 stand sie 319 Wochen an der Spitze der Weltrangliste, fünfmal siegte sie bei den WTA Finals. 2012 in London holte sie Olympiagold. Drei weitere Goldmedaillen räumte sie im Doppel mit ihrer Schwester Venus bei den Sommerspielen 2000, 2008 und 2012 ab. 1999 führten die Williams-Sisters das US-Team zum Sieg im Billie Jean King Cup.

Im Doppel gewann Serena Williams 14 weitere Grand-Slam-Titel (zwei davon mit Venus) und stand 2010 ebenfalls auf Weltranglistenposition eins. Im Mixed trug sie sich zweimal in die Siegerliste eines Majors ein.

Grand-Slam-Titel: Australian Open (2003, 2005, 2007, 2009, 2010, 2015, 2017), Roland Garros (2002, 2013, 2015), Wimbledon (2002, 2003, 2009, 2010, 2012, 2015, 2016), US Open (1999, 2002, 2008, 2012, 2013, 2014)

4.4 DIE BESTEN AUS DEM REST DER WELT

4.4.1 Margaret Court

In den 1960er- und der ersten Hälfte der 1970er-Jahre dominierte die Australierin gemeinsam mit der US-Amerikanerin Billie Jean King das Damentennis. Bis zu ihrer Heirat 1966 und der danach folgenden zweijährigen Pause gewann sie unter ihrem Mädchennamen Margaret Smith zwölf Majorturniere, weitere zwölf sollten danach in der Open Era folgen.

1970 gelang Margaret Court durch die Turniersiege in Australien, Paris, Wimbledon und New York als erst zweiter Spielerin überhaupt der Grand Slam. Mit insgesamt 64 Majortiteln (24 im Einzel, 19 im Doppel und 21 im Mixed) zwischen 1960 und 1975 stellte die Aufschlag- und Vorhandspezialistin einen Rekord für die Ewigkeit auf.

Beeindruckend: Im Laufe ihrer Karriere brachte sie zwei Kinder zur Welt.

Grand-Slam-Titel: Australian Open (1960, 1961, 1962, 1963, 1964, 1965, 1966, 1969, 1970, 1971, 1973), Roland Garros (1962, 1964, 1969, 1970, 1973), Wimbledon (1963, 1965, 1970), US Open (1962, 1965, 1969, 1970, 1973)

4.4.2 Roy Emerson

Zwölf Grand-Slam-Titel im Einzel, 16 im Doppel, achtmal Davis-Cup-Sieger mit Australien – Roy Emerson ist einer der erfolgreichsten Spieler der Tennisgeschichte. Der Mann aus Brisbane ist der einzige Spieler, der alle vier Majors im Einzel und Doppel gewann. Als bei diesen ab 1968 jedoch auch Profis startberechtigt waren, kam er – obwohl mit 31 Jahren auf dem Zenit seiner Schaffenskraft – nie mehr über ein Viertelfinale hinaus.

Grand-Slam-Titel: Australian Open (1961, 1963, 1964, 1965, 1966, 1967), Roland Garros (1963, 1967), Wimbledon (1964, 1965), US Open (1961, 1964)

4.4.3 Rod Laver

1962 gewann der Australier als Amateur erstmals den Grand Slam. 1969 ließ er mit den Turniersiegen in Australien, Paris, Wimbledon und New York den zweiten und in der Open Era noch wertvolleren folgen. Rod Laver gilt als einer der besten Spieler der Tennisgeschichte. Nach ihm benannt sind der seit 2017 stattfindende Mannschaftswettbewerb zwischen den besten Spielern Europas und dem Rest der Welt sowie der Center Court im Melbourne Park, der Anlage der Australian Open.

Elf Majorturniere gewann der Linkshänder aus Queensland im Einzel, sechs im Doppel und drei im Mixed. Fünfmal führte er das australische Team zum Gewinn des Davis Cups. Es wären sicher noch mehr Titel hinzugekommen, doch nach seinem Wechsel ins Profilager war Laver von 1963 bis 1967 bei den Majors nicht startberechtigt.

Grand-Slam-Titel: Australian Open (1960, 1962, 1969), Roland Garros (1962, 1969), Wimbledon (1961, 1962, 1968, 1969), US Open (1962, 1969)

4.4.4 John Newcombe

Der Australier war zu Beginn der Open Era einer der dominierenden Spieler. Sieben Grand-Slam-Titel gewann John Newcombe im Einzel (zwei davon noch als Amateur), 17 weitere im Doppel und zwei mit Margaret Court im Mixed. Im Sommer 1974 stand er acht Wochen lang auf Position eins der ATP-Weltrangliste. Viermal holte der Serve-and-Volley-Spezialist aus Sydney mit seinem Heimatland den Davis Cup.

Nach seinem Karriereende war er von 1994 bis 2000 australischer Davis-Cup-Kapitän.

Grand-Slam-Titel: Australian Open (1973, 1975), Wimbledon (1967, 1970, 1971), US Open (1967, 1973)

4.4.5 Ken Rosewall

Mit dem Gewinn von Roland Garros 1968 ging Ken Rosewall als erster Grand-Slam-Sieger der Open Era in die Geschichte ein. Eine gefühlte Ewigkeit hielt sich der Australier in der Weltspitze. Zwischen seinem ersten Majorsieg bei den Australian Open 1953 und seinem achten und letzten beim gleichen Turnier 1972 lagen 19 Jahre. 1975 schaffte es der Rückhandspezialist aus Sydney, inzwischen 40 Jahre alt, bis auf Platz zwei der ATP-Weltrangliste.

Dreimal gewann er mit Australien den Davis Cup, neun weitere Grand-Slam-Titel holte er im Doppel, einen im Mixed. Rosewall hätte sicher noch den einen oder anderen mehr hinzugefügt, doch elf Jahre lang war er als Profi nicht startberechtigt.

Grand-Slam-Titel: Australian Open (1953, 1955, 1971, 1972), Roland Garros (1953, 1968), US Open (1956, 1970)

4.4.6 Guillermo Vilas

Seinen ersten Wimbledontitel 1985 gewann Boris Becker mit einem Schläger der Marke Puma, Modell Guillermo Vilas. Der Argentinier war damals das Zugpferd des Herzogenauracher Sportartikelkonzerns.

Guillermo Vilas ist der Spieler mit den meisten Turniersiegen (62), der niemals die Weltrangliste anführte. 1975 schaffte er es bis auf Rang zwei. Seine beste Saison spielte er 1977, als er 134 Partien und 16 Turniere in einem Kalenderjahr gewann, darunter Roland Garros und die US Open – beide Rekorde haben bis heute Bestand. Mit 681 Siegen ist er zudem die Nummer eins der ewigen Sandplatzbestenliste.

Grand-Slam-Titel: Australian Open (1978, 1979), Roland Garros (1977), US Open (1977)

★ 5 ★

DIE GRUNDLAGEN

5.1 SPIELFORMEN

Tennis kann von zwei oder vier Spielern auf einem Feld gespielt werden. Es gibt drei unterschiedliche Spielformen.

5.1.1 Einzel

Dies ist die häufigste Spielform. Wie es der Name sagt, spielt ein Spieler auf einer Seite des Netzes gegen einen anderen Spieler auf der anderen Seite. Gespielt wird auf dem Einzelfeld.

5.1.2 Doppel

Hier spielen zwei Spieler auf einer Seite des Netzes gegen zwei Spieler auf der anderen Seite. Unterschieden wird zwischen dem Herrendoppel (jeweils zwei Herren) und dem Damendoppel (jeweils zwei Damen). Gespielt wird auf dem Doppelfeld, das rechts und links um jeweils 1,37 Meter breiter ist als das Einzelfeld.

5.1.3 Mixed

Dies ist eine Variante des Doppels, bei der ein Herr und eine Dame auf der einen Seite des Netzes gegen einen Herren und eine Dame auf der anderen Seite spielen. Ab und an wird auch noch die deutsche Übersetzung „gemischtes Doppel" verwendet. Auch im Mixed wird auf dem Doppelfeld gespielt.

5.2 SPIELFELD

Das Spielfeld wird gleich in Regel 1 der offiziellen Tennisregeln des Weltverbandes ITF beschrieben. Es handelt sich um ein Rechteck von 23,77 Metern Länge. Bei Einzelspielen beträgt die Breite 8,23 Meter, bei Doppel- und Mixedspielen 10,97 Meter. Auf nahezu allen Tennisplätzen weltweit sind die Markierungen für Einzel und Doppel/Mixed angebracht. Reine Einzelspielfelder findet man gelegentlich bei Profiturnieren wie einst dem Masters bzw. den ATP Tour World Championships in New York, Frankfurt und Hannover oder aktuell bei den Next Gen ATP Finals in Mailand.

Die Maße des Spielfeldes stammen aus England, wo das moderne Tennisspiel erfunden und die Spielfeldlänge mit 78 Fuß und die Spielfeldbreite mit 27 bzw. 36 Fuß festgeschrieben wurde. Das Spielfeld ist durch Linien (Grundlinien, Seitenlinien, Aufschlaglinien) begrenzt und in der Mitte durch ein Netz geteilt.

Die Linien sind Bestandteil des Spielfeldes. Dies bedeutet, dass der Ball weiterhin im Spiel ist, wenn er eine der Linien auch nur teilweise berührt. Parallel zu den Grundlinien und zum Netz liegen auf beiden Seiten im Abstand 6,40 Meter zum Netz die Aufschlaglinien. In der Mitte des Feldes führt vom Netz zur Aufschlaglinie die Aufschlagmittellinie. Diese Linien werden ihrer Form entsprechend auch als T-Linien bezeichnet. Die Flächen zwischen dem Netz und den Aufschlaglinien sind die Aufschlagfelder.

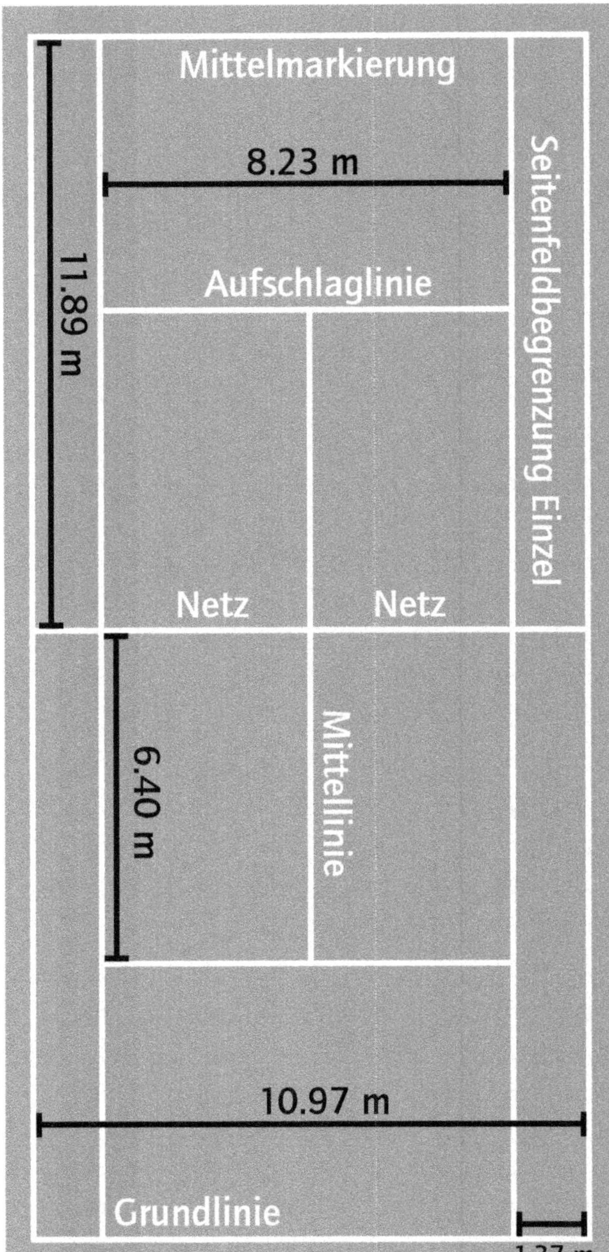
Mittelmarkierung
8.23 m
11.89 m
Seitenfeldbegrenzung Einzel
Aufschlaglinie
Netz
Netz
6.40 m
Mittellinie
10.97 m
Grundlinie
1.37 m

In Anhang XI der ITF-Regeln werden die Mindestabstände zwischen den Spielfeldlinien und den hinteren und seitlichen Einzäunungen beschrieben. Für internationale Wettbewerbe beträgt die empfohlene Mindestentfernung zwischen den Grundlinien und den hinteren Einzäunungen 6,40 Meter und zwischen den Seitenlinien und den seitlichen Einzäunungen 3,66 Meter. Als Richtlinie für Freizeit- und Vereinsplätze werden zwischen den Grundlinien und den hinteren Einzäunungen 5,48 Meter genannt und zwischen den Seitenlinien und den seitlichen Einzäunungen 3,05 Meter. Für Tennishallen wird eine Deckenhöhe von mindestens 9,14 Meter empfohlen.

Im Nachwuchsbereich wird auf kleineren Spielfeldern gespielt, die sich von Landesverband zu Landesverband leicht unterscheiden. Im Bayerischen Tennis-Verband (BTV) beispielsweise, dem größten Landesverband, gibt es ein **Kleinfeld** für den U8- und U9-Bereich mit 10,97 Meter Länge und 6,0 Metern Breite, in dessen Mitte ein transportables Netz mit 0,8 bis 0,85 Meter Höhe aufgestellt wird. Im U10-Bereich wird auf einem sogenannten **Midcourt** gespielt. Bei diesem wird das reguläre Spielfeld auf eine Länge von 18,02 Meter verkürzt, die Breite bleibt bei 8,23 Meter. Das Netz wird abgesenkt.

5.3 SPIELOBERFLÄCHE

Es wird zwischen vier unterschiedlichen Platzbelägen unterschieden: den natürlichen Sand- und Rasenplätzen sowie den künstlichen Hart- und Teppichplätzen.

5.3.1 Sandplatz

Der mit Abstand häufigste Belag auf den rund 45 000 in Deutschland registrierten Tennisplätzen ist roter Sand, genauer gesagt: gemahlenes Ziegelmehl. Dieses bildet in einer bestimmten Körnung den Grundstoff für den Sand. Sandplätze befinden sich meistens im Freien, sie gelten als gelenkschonend und sind vergleichsweise kostengünstig beim Bau. Sie sind jedoch extrem pflegeaufwendig und auch teuer im Unterhalt. Stichworte: Instandsetzung im Frühjahr und hoher Wasserbedarf im Sommer.

Nachlässige und/oder nicht fachgemäße Pflege führt zu Unebenheiten der Oberfläche und beeinträchtigt damit die Spielqualität. Sandplätze im Freien können im Winter nicht bespielt werden. Manche Freiplätze werden deshalb im Winter mit einer aufgeblasenen, elastischen Hülle in eine Traglufthalle umgewandelt.

Ein weiterer Nachteil der Sandplätze ist die hohe Staubbildung, die zu Verschmutzungen von Schuhen und Socken bis hin zu den Hosen führt. Ein neu gebauter Sandplatz hat eine Lebensdauer von etwa 20 Jahren, ehe eine Generalüberholung erforderlich wird.

In den USA weit verbreitet sind grüne Sandplätze (Canada Tenn). Der Grundstoff hierfür wird aus Grünstein gewonnen, der mit einem Bindemittel versetzt wird. Canada Tenn ist deutlich belastungsfähiger, weniger staubig und damit weniger pflegeaufwendig als roter Sand, allerdings auch teurer in der Anschaffung. In Deutschland gibt es knapp 2000 grüne Sandplätze.

Sand gilt als der langsamste Belag, weil er den Ball beim Aufprall am stärksten abbremst. Hier nimmt er nur 59 Prozent seiner Aufprallgeschwindigkeit mit (auf Rasen 70 Prozent). Die starke Abbremsung hat zur Folge, dass der Ball höher abspringt. Das bekannteste Sandplatzturnier auf der Profitour ist Roland Garros in Paris. In Deutschland werden der Porsche Tennis Grand Prix in Stuttgart, die BMW Open in München und die European Open in Hamburg auf Sand ausgetragen.

5.3.2 Hartplatz

Gegen Ende des 19. und zu Beginn des 20. Jahrhunderts wurden Sandplätze als Hartplätze bezeichnet, weil sie deutlich härter waren als die damals weit verbreiteten Rasenplätze. Heute versteht man darunter die mit einer Kunststoffschicht in unterschiedlichen Farben bedeckten Asphalt- oder Betonplätze. In den USA sind Hartplätze der populärste Belag. Aber auch in Europa werden sie immer beliebter, auch wenn sie beim Bau teurer sind als Sandplätze. Dafür können sie im Frühjahr früher und im Herbst länger genutzt werden, sind weniger pflegeaufwendig und dementsprechend günstiger im Unterhalt (keine Frühjahrsinstandsetzung, kein Wasserbedarf).

Hartplätze garantieren zudem einen gleichmäßigen Ballabsprung und damit einen höheren Spielkomfort. Allerdings reflektiert sich auf Hartplätzen bei hohen Temperaturen die Hitze. Die Oberfläche kann dadurch klebrig werden und die Verletzungsgefahr erhöhen. Die geringere Dämpfung kann durch gutes Schuhwerk wettgemacht werden. Die vier bekanntesten Hartplatzoberflächen sind Rebound Ace, Deco Turf, Laykold und Plexicushion, die sich in Bezug auf Aufprallgeschwindigkeit und Dämpfung leicht unterscheiden.

Rebound Ace wird in Australien produziert und wurde von 1988 bis 2007 bei den Australian Open verwendet. 2008 wurde es durch das etwas schnellere Plexicushion ersetzt. Deco Turf war von 1978 bis 2019 der Belag bei den US Open. 2020 wurde erstmals auf dem etwas langsameren und robusteren Laykold gespielt. Deco Turf, Laykold und Plexicushion werden von US-Firmen hergestellt.

Hartplätze gelten als mittelschneller Belag. Hier nimmt der Ball durchschnittlich 68 Prozent seiner Aufprallgeschwindigkeit mit (auf Sand 59, auf Rasen 70 Prozent), wodurch der Ball tiefer abspringt und in einer flacheren Flugbahn weiterfliegt als auf Sand. Die meisten Turniere auf der Profitour werden inzwischen auf Hartplätzen ausgetragen.

5.3.3 Teppichplatz

Auf den meisten der rund 5400 in Deutschland registrierten Hallenplätzen ist ein grüner, blauer oder rötlicher Teppichboden verlegt. Dieser Belag gilt als wenig pflegeaufwendig und günstig im Unterhalt.

Teppich ist deutlich schneller als Sand und erschwert deshalb vielen Spielern den Übergang von der Sommer- auf die Wintersaison. Um die Umstellung zu erleichtern und den Platz zu verlangsamen, wird auf vielen Teppichplätzen Granulat verstreut. Dies ist jedoch nur bei optimaler Menge und Verteilung zielführend.

Im Profibereich wurde der bei Hallenturnieren einstmals weit verbreitete Teppich mit Beginn des neuen Jahrtausends peu à peu abgeschafft und durch Hartplätze ersetzt. Ab 2009 untersagte die ATP auf der Tour den Untergrund wegen zu großer Verletzungsgefahr.

Das letzte Teppichturnier auf der ATP Tour fand im Oktober 2008 in Lyon statt, bei den Damen auf der WTA Tour knapp zehn Jahre später im September 2018 in Quebec City. Heute findet man Teppichturniere im Profibereich nur noch auf der ATP Challenger Tour, der ITF Men's World Tennis Tour, der WTA 125 K Series und der ITF Women's World Tennis Tour.

5.3.4 Rasenplatz

Rasen ist der Ursprungsbelag des modernen Tennissports. Bis 1977 firmierte der Weltverband unter der Bezeichnung International Lawn Tennis Federation – und noch heute findet sich die englische Bezeichnung für Rasen in einigen Vereinsnamen. Einst wurden drei der vier Grand-Slam-Turniere auf Rasen ausgetragen, doch 1975 rüsteten die US Open zunächst auf Sand und weitere drei Jahre später auf Hartplatz um, die Australian Open vollzogen 1988 den Wechsel.

Anfang der 1990er-Jahre war es eine mutige und spektakuläre Idee, im Vorfeld von Wimbledon mit den Gerry Weber Open ein Rasenturnier in Deutschland auszutragen. Nach dessen großen Erfolg über die Jahre hinweg und der Verlegung von Wimbledon um eine Woche nach hinten sind in jüngerer Vergangenheit hierzulande weitere hochklassige Rasenturniere in Stuttgart, Berlin und Bad Homburg entstanden.

Auf Vereinsebene findet man in Großbritannien noch immer viele Naturrasenplätze. In Deutschland besitzen sie absoluten Seltenheitswert, da sie nicht nur sehr pflegeaufwendig (mähen, düngen, wässern, Linien nachziehen) sowie teuer in der Anschaffung und im Unterhalt sind, sondern auch extrem kurzlebig. Ihre Bespielbarkeit ist auf etwa 400 Stunden pro Saison begrenzt. Vereinzelt findet man Kunstrasenplätze, die so gut wie keine Pflege benötigen, aber nicht annähernd den gleichen Spielkomfort vermitteln wie Naturrasen.

Rasen ist der schnellste aller Beläge, weil der Ball beim Aufprall am geringsten abbremst. Hier nimmt er 70 Prozent seiner Aufprallgeschwindigkeit mit (auf Sand 59 Prozent). Die geringe Abbremsung hat zur Folge, dass der Ball flacher abspringt und in einer deutlich flacheren Flugbahn weiterfliegt als auf Sand.

5.4 NETZ

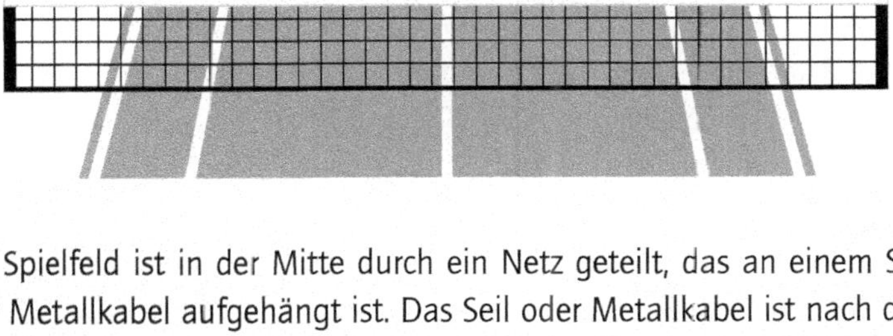

Das Spielfeld ist in der Mitte durch ein Netz geteilt, das an einem Seil oder Metallkabel aufgehängt ist. Das Seil oder Metallkabel ist nach den offiziellen ITF-Regeln auf einer Höhe von 1,07 Meter an zwei Netzpfosten befestigt, die auf jeder Seite 0,914 Meter außerhalb des Feldes stehen. Wird für Einzelspiele das Netz des Doppelfeldes verwendet, wie es auf Freizeit- und Vereinsplätzen fast immer der Fall ist, wird es von zwei transportablen Haltern auf einer Höhe von 1,07 Meter gestützt. In der Mitte ist das Netz ebenfalls 0,914 Meter hoch und wird hier von einem Netzhalter/Band straff niedergespannt. Die Netzhöhen entsprechen den englischen Maßen 3 und 3,5 Fuß.

Laut ITF-Regeln müssen das Seil/Metallkabel und der Netzhalter/das Band weiß sein. Auch der Durchmesser des Seils/Metallkabels (höchstens 0,8 Zentimeter), die Breite des Netzhalters/Bandes (maximal 5 Zentimeter) und die Größe der Netzpfosten (maximal 15 Zentimeter im Quadrat oder 15 Zentimeter Durchmesser) sind hier exakt definiert.

5.5 AUSRÜSTUNG

5.5.1 Schläger

Der Schläger ist das Spielgerät beim Tennis. Er besteht aus Rahmen, Saiten und Griff. Der obere Teil des Rahmens, der die Saiten umschließt, wird als Schlägerkopf bezeichnet, der mittlere Teil zwischen Schlägerkopf und Griff als Schlägerhals. Laut Anhang II der ITF-Regeln darf ein Schläger einschließlich Griff eine Gesamtlänge von 73,7 Zentimeter und eine Gesamtbreite von 31,7 Zentimeter nicht überschreiten. Die Schlagfläche darf maximal 39,4 Zentimeter lang und 29,2 Zentimeter breit sein. Das Gewicht eines Schlägers inklusive Saiten beträgt zwischen 280 und 350 Gramm. Für Kinder gibt es kürzere und entsprechend leichtere Schläger.

Bei der Herstellung des **Rahmen**s werden leichte Materialien wie Grafit oder Carbon benutzt und mit verschiedenen Stoffen (Kevlar, Titanium etc.) gemischt. Die beliebtesten Schlägermarken in Deutschland sind Head, Wilson und Babolat, auch Yonex und Dunlop werden oft gespielt. Babolat war einst nur Hersteller von Tennissaiten, erst seit 1994 produziert die französische Firma auch Schläger.

Eine populäre Marke in den USA ist Prince, in Großbritannien sieht man regelmäßig Rackets von Slazenger. Weitere nennenswerte Hersteller sind Tecnifibre, Pacific, Gamma und das deutsche Traditionsunternehmen Völkl. Früher waren auch Adidas und Puma auf dem Schlägermarkt aktiv.

Bis in die 1960er-Jahre wurden Schläger aus Holz genutzt, danach aus Metall und Aluminium. Der letzte Spieler, der mit einem Holzschläger ein großes Turnier gewinnen konnte, war der Franzose Yannick Noah 1983 in Roland Garros mit einem Le Coq Sportif TCO. Auch diese Marke hat sich aus der Produktion zurückgezogen.

Die Bespannung gilt als „der Motor des Schlägers". Die **Saiten** sorgen für Ballkontrolle, Ballgeschwindigkeit und Schnitt. Benutzt werden Kunstsaiten aus Materialien wie Polyamid, Polyester, Aramid, Polyurethan, Polyetherketon, Copolymer oder Polyolefine, die sich in Elastizität, Haltbarkeit, Reißfestigkeit, Schwingungsdämpfung und Schockabsorption voneinander unterscheiden.

Die qualitativ hochwertigsten und dementsprechend auch teuersten Saiten sind die aus Naturdarm (Kuh- oder Schafsdarm). Sie besitzen eine extrem hohe Elastizität, eine konstante Bespannungshärte und vermitteln ein direktes Spielgefühl. Ihr Nachteil ist die Empfindlichkeit bei kaltem oder heißem Wetter.

Möglich sind auch die von vielen Profispielern bevorzugten Hybridkombinationen mit zwei unterschiedlichen Saitenarten bei der Quer- und Längsbespannung. Es gibt Schläger mit 16 Längs- und 18 Quersaiten – dies nennt man offene Besaitung. Bei Schlägern mit 18 Längs- und 20 Quersaiten wird von geschlossener Besaitung gesprochen.

Ein entscheidender Faktor für das Spiel ist die Bespannungshärte. Hierfür gelten folgende Grundregeln: Mit härterer Besaitung erhöht sich die Ballkontrolle, es verringern sich jedoch die Haltbarkeit der Saiten und die Härte der Schläge. Mit weicherer Besaitung indes verringert sich die Ballkontrolle und es erhöhen sich die Haltbarkeit der Saiten und die Härte der Schläge. Stichwort: Trampolineffekt. Der Ball wird tiefer in die Saiten gedrückt, weniger verformt und mit höherer Beschleunigung zurückkatapultiert.

Der Mittelwert einer Bespannung bei einem Standardschläger und einer Kunstsaite beträgt 26 Kilogramm. Je nach Rahmengröße kann die Bespannung härter (bis zu 30 kg bei größeren Rahmen) oder weicher (bis zu 22 kg bei kleineren Rahmen) sein. Längsseiten werden häufig 1 kg härter bespannt als Quersaiten. Die Spannkraft und die Elastizität der Saiten lassen mit der Dauer nach, zudem können sie reißen.

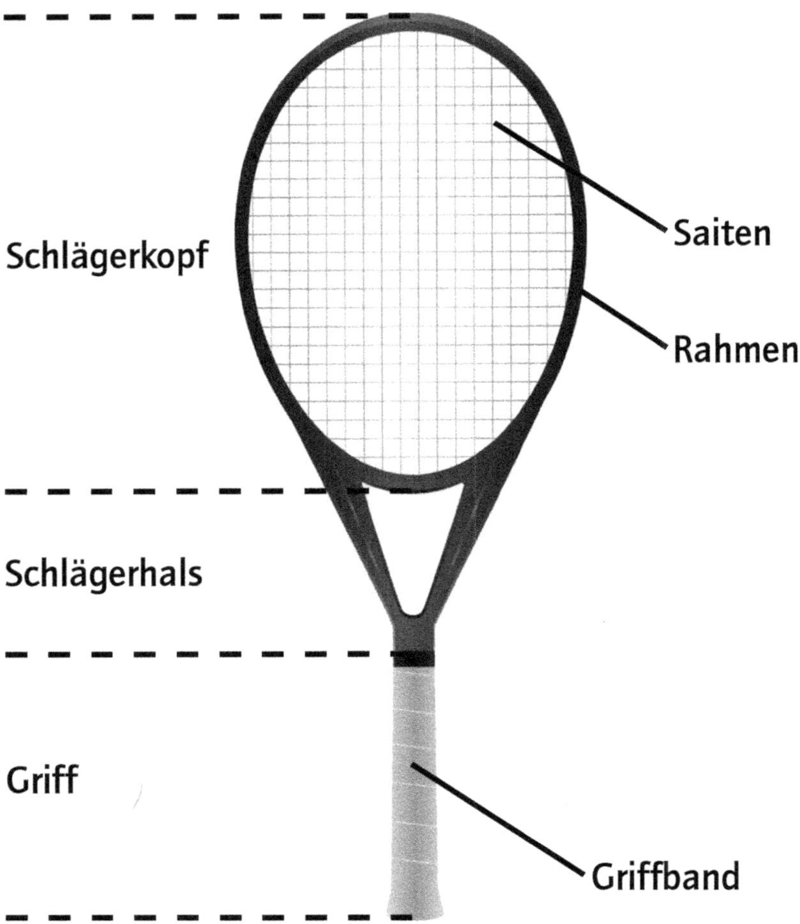

Bei Freizeitspielern hat sich diese Faustregel etabliert: So oft man in der Woche spielt, so oft im Jahr sollte man den Schläger neu bespannen lassen, mindestens jedoch einmal jährlich, vorzugsweise zu Beginn der Sommersaison. Profis lassen für jedes Spiel neue Saiten aufziehen. Die Bespannungen werden in Fachgeschäften oder von Fachleuten mit mechanischen oder elektronischen Maschinen vorgenommen.

Der **Griff** beeinflusst den Schlagkomfort und die Schlagkontrolle. Das Basisgriffband (1,3 bis 2,4 Millimeter) befindet sich bereits beim Kauf des Schlägers am Griff. Viele Spieler nutzen zusätzlich ein Übergriffband (Overgrip; 0,4 bis 1,0 Millimeter), um die Griffigkeit zu verbessern, die Vibrationsdämpfung zu erhöhen und die Schweißaufnahme zu reduzieren. Beide Griffbänder sollten – je nach Abnutzungsgrad – regelmäßig ausgetauscht werden.

5.5.2 Ball

Tennisball ist nicht gleich Tennisball. Früher waren die Bälle auch nicht gelb wie heute, sondern weiß, bei hellen Spielfeldern gelegentlich sogar schwarz. Weiße Bälle sind im Regelwerk des Weltverbandes ITF zwar noch immer erlaubt, nachdem aber auf der Profitour seit 1972 auf Wunsch des Fernsehens ausschließlich gelbe Bälle verwendet werden, führt sie kein Hersteller mehr in seinem Sortiment. Das Turnier in Wimbledon stellte erst 14 Jahre später um, Boris Becker gewann seinen ersten Wimbledontitel 1985 noch mit weißem Filz.

Laut Anhang II des ITF-Regelwerks muss die äußere Hülle des Balls gleichförmig und die vorhandenen hellen Fugen müssen nahtlos sein. Die Fugen entstehen dadurch, dass der Filz in zwei Teilen auf den Kern des Balls aufgeklebt wird. Der Kern des Balls wiederum besteht aus zwei Gummihalbschalen, die unter Hitze zusammengeschweißt und mit Gas (1,3 bis 2,2 bar Überdruck) gefüllt werden.

Das Gewicht des Balls muss zwischen 56,0 und 59,4 Gramm betragen, der Durchmesser zwischen 6,54 und 6,86 Zentimeter. Sogar die Sprunghöhe ist genormt: Wird ein Ball aus einer Höhe von 2,54 Metern fallen gelassen, muss er 1,346 bis 1,473 Meter aufspringen – und zwar bei einer Temperatur von 20 Grad Celsius.

Darüber hinaus gibt es auch genaue Regeln über Verformung und Rückverformung, deren Erklärung an dieser Stelle jedoch den Rahmen sprengen würde.

Die Bälle sind ihrem Gewicht, ihrer Größe und ihrer Sprunghöhe entsprechend in die Typen schnell, mittelschnell und langsam eingeordnet und sollen je nach Schnelligkeit des Platzbelags zum Einsatz kommen:

★ Ballart 1 (schnell) ist für das Spiel auf langsamen Belägen wie den meisten Sand- und Granulatplätzen bestimmt.

★ Ballart 2 (mittelschnell) für das Spiel auf mittleren Belägen wie den meisten Hart- und Teppichplätzen.

★ Ballart 3 (langsam) für das Spiel auf schnellen Belägen wie den meisten Rasen- und Teppichplätzen.

Im Profibereich erreichen die Bälle bei Aufschlägen Geschwindigkeiten von über 200 Stundenkilometern (*siehe Kap. 6*) und selbst in neuem Zustand Verformungen von rund 20 Millimetern. Bei Topspinschlägen drehen sie sich über 3000-mal pro Minute um die eigene Achse. Angesichts dieser physischen Einwirkungen verlieren die Bälle schnell an Druck und Sprungverhalten. Bei großen Turnieren werden sie nach sieben bis zehn Spielen gegen neue Bälle ausgetauscht.

Im Jugendtraining und bei Anfängern werden oft Methodikbälle mit reduziertem Innendruck verwendet, die auch etwas größer sein können. Diese Bälle erkennt man daran, dass der Filz aus verschiedenen Farben besteht (orange und gelb, rot und gelb) oder der Filz mit einem roten, einem orangen oder einem grünen Punkt markiert ist.

Die führenden Schlägermarken wie Wilson, Head, Babolat und Dunlop stellen auch Bälle her. Bei den Australian Open wird mit Dunlop gespielt (von 2005 bis 2019 mit Wilson), in Roland Garros mit Wilson (von 2011 und 2019 mit Babolat), in Wimbledon seit 1902 mit Slazenger und bei den US Open seit 1978 mit Wilson. Bei den Hamburg European Open kommen Bälle von Dunlop zum Einsatz, bei den Noventi Open in Halle/Westfalen die von Slazenger. Auch der Deutsche Tennis Bund und die Landesverbände haben für die Medenspiele Ballpartnerschaften mit verschiedenen Herstellern abgeschlossen.

5.6 REGELN

5.6.1 Spielprinzip

Tennis ist ein Rückschlagspiel, in dem sich zwei oder vier Spieler getrennt durch das Netz auf beiden Seiten des Spielfeldes gegenüberstehen. Ein Ballwechsel wird durch einen Aufschlag eröffnet. Ein Spieler hat zwei Versuche, um den Ball mit dem Schläger von hinter der Grundlinie über das Netz in das der Mittelmarkierung schräg gegenüberliegende Aufschlagfeld zu befördern *(siehe Kap. 5.2)*. Gelingt ihm dies nicht, hat er den Ballwechsel verloren.

Das Ziel des Spiels besteht darin, den vom Gegner in die eigene Spielfeldhälfte gespielten Ball mit dem Schläger wieder über das Netz in dessen Spielfeldhälfte zurückzuschlagen. Eine Berührung des Balls mit Armen, Händen, Beinen oder anderen Körperteilen ist nicht erlaubt. Vor dem Schlag darf der Ball maximal einmal den Boden der eigenen Spielfeldhälfte berührt haben. Auch nach dem Schlag darf er nicht mehr den Boden in der eigenen Spielfeldhälfte berühren. Derjenige Spieler, der den Ball zuletzt regelgerecht zurückgespielt hat, hat den Ballwechsel gewonnen.

Interessant: Wenn ein Spieler seitlich weit außerhalb des Feldes steht, dürfte er den Ball theoretisch auch seitlich am Netzpfosten vorbei in die gegnerische Spielfeldhälfte spielen. Dies kommt in der Praxis jedoch äußerst selten vor.

5.6.2 Zählweise

„Spiel, Satz, Sieg" oder englisch „Game, Set, Match" lautet der Ausruf des Schiedsrichters am Ende einer Partie. Eine solche besteht aus Ballwechseln, Spielen und Sätzen. Um ein Spiel zu gewinnen, sind mindestens vier gewonnene Ballwechsel und mindestens zwei gewonnene Ballwechsel mehr als der Gegner nötig. Die Zählweise lautet 15, 30, 40, Spiel.

Die für viele unverständliche und geheimnisvoll wirkende Zahlenfolge ist historisch bedingt und wird im Kapitel *Entstehung und Entwicklung* ausführlich erläutert. Beim Spielstand von 15:15 spricht man von „15 beide", bei 30:30 von „30 beide" und bei 40:40 von „Einstand" (oder englisch Deuce), bei einem danach gewonnenen Ballwechsel von „Vorteil" (englisch Advantage). Der Spieler im Vorteil kann mit einem weiteren gewonnenen Ballwechsel das Spiel für sich entscheiden. Gewinnt jedoch sein Gegner den Ballwechsel, steht es wieder Einstand.

Es wird dann so lange weitergespielt, bis ein Spieler zwei Ballwechsel hintereinander für sich entschieden und damit das Spiel gewonnen hat. Das Aufschlagrecht wechselt nach jedem Spiel. Die Spielfeldseiten werden nach dem ersten und anschließend nach jedem zweiten Spiel gewechselt, also immer dann, wenn die Summe der Spiele beider Gegner eine ungerade Zahl ergibt.

Für einen Satz sind mindestens sechs gewonnene Spiele und mindestens zwei gewonnene Spiele mehr als der Gegner nötig. Es sind Satzgewinne mit 6:0, 6:1, 6:2, 6:3, 6:4 und 7:5 möglich. Steht es 6:6, wird ein Tiebreak (deutsch Gleichstandsbrecher) ausgespielt. Hier gibt es für jeden gewonnenen Ballwechsel einen Punkt. Um einen Tiebreak zu gewinnen, sind mindestens sieben Punkte und mindestens zwei Punkte mehr als der Gegner nötig. Das Aufschlagrecht wechselt nach dem ersten und anschließend nach jedem zweiten Punkt.

Gewinnt der aufschlagende Spieler das Spiel, ist von „Aufschlag gehalten" die Rede. Gewinnt der rückschlagende Spieler das Spiel, wird dies als „Break" bezeichnet.

Um eine Partie zu gewinnen, sind in der Regel zwei gewonnene Sätze nötig, bei den vier Grand-Slam-Turnieren sind es im Herreneinzel drei Gewinnsätze. Um die Bruttospielzeit zu verkürzen, kann der entscheidende dritte oder fünfte Satz durch einen Match-Tiebreak – oft auch als Champions-Tiebreak oder Super-Tiebreak bezeichnet – ersetzt werden. Anders als der bereits erklärte Tiebreak am Ende eines Satzes wird er nicht bis sieben, sondern bis zehn Punkte gespielt – bei gleichzeitig mindestens zwei Punkten Vorsprung auf den Gegner.

Der Match-Tiebreak kommt im Profibereich bei den Australian Open im Herren- und Dameneinzel und auf der ATP Tour (seit 2006) und auf der WTA Tour (seit 2007) in den Doppelwettbewerben zum Einsatz.

5.7 GRUNDSCHLÄGE

Im Tennis gibt es drei Grundschläge (Vorhand, Rückhand, Aufschlag) und eine Vielzahl an Schlagtechniken und Schlagvarianten.

5.7.1 Vorhand

Die Vorhand ist der am häufigsten ausgeführte Schlag. Sie kommt zum Einsatz, wenn der Ball auf die Seite der Schlaghand kommt, also bei einem Rechtshänder auf die rechte und bei einem Linkshänder auf die linke Seite. Sie wird mit einer Ausholbewegung, einer mehr oder weniger großen Schleife, eingeleitet. Im Idealfall wird der Ball auf Höhe der Hüfte und seitlich vor dem Körper getroffen.

Der Schlag wird mit einer Hand, eben der Schlaghand, ausgeführt, in äußerst seltenen Fällen auch mit beiden Händen. Bei der Fußstellung wird zwischen der geschlossenen Stellung (seitlich zum heranfliegenden Ball; englischer Fachbegriff Closed Stance) und der offenen Stellung (frontal zum Ball; Open Stance) unterschieden.

5.7.2 Rückhand

Die Rückhand kommt zum Einsatz, wenn der Ball auf die andere Seite als die der Schlaghand kommt: bei einem Rechtshänder also auf die linke und bei einem Linkshänder auf die rechte Seite. Sie kann sowohl einhändig als auch beidhändig ausgeführt werden. Die Schleife bei der Ausholbewegung ist flach.

Noch in den 1980er-Jahren wurde im Profi- und Freizeitbereich, insbesondere bei den Männern, mit einhändiger Rückhand gespielt. Inzwischen geht der Trend aber immer deutlicher zur beidhändigen Rückhand, zumal ihre Ausführung weniger Kraft benötigt. Damen spielen heute fast ausschließlich eine beidhändige Rückhand.

5.7.3 Aufschlag

Der Aufschlag (englisch Service) leitet jeden Ballwechsel ein. Er wird von hinter der Grundlinie ausgeführt, die Füße müssen sich dabei in Ruhestellung befinden. Laut ITF-Regel 16 hat der Aufschläger „den Ball mit der Hand in eine beliebige Richtung zu werfen und den Ball mit dem Schläger zu schlagen, bevor dieser den Boden berührt".

Dies bedeutet, dass der Aufschlag nicht zwingend in hohem Bogen über dem Kopf ausgeführt werden muss. Bei einem Treffpunkt über Kopfhöhe erreicht der Aufschläger jedoch den günstigsten Schlagwinkel und dadurch die höchste Ballgeschwindigkeit. Der Ball muss in das diagonal gegenüberliegende Aufschlagfeld des Gegners (zwischen Netz, T-Linie und Mittellinie) geschlagen werden.

Der Aufschläger darf das Feld – und damit auch die Grundlinie – erst betreten, nachdem der Ball den Schläger berührt hat. Ansonsten hat er einen Fußfehler begangen. Nach einem Fußfehler beim ersten Aufschlag muss der Spieler den zweiten Aufschlag durchführen, nach einem Fußfehler beim zweiten Aufschlag hat er den Ballwechsel verloren.

Das Aufschlagsrecht wechselt zwischen den Gegnern von Spiel zu Spiel. Im Tiebreak wechselt es nach dem ersten und anschließend nach jedem zweiten Ballwechsel. Der erste Aufschlag eines Spiels ist von der rechten Seite neben der Mittelmarkierung an der Grundlinie auszuführen, der zweite Aufschlag von der linken Seite, der dritte wiederum von der rechten usw. Die rechte Seite neben der Mittelmarkierung wird als Einstandseite bezeichnet, die linke als Vorteilseite.

Wichtig: Ein Spieler darf einen Aufschlag erst dann ausführen, wenn der Gegner spielbereit ist. Wenn der Ball das Netz berührt und danach im gegnerischen Aufschlagfeld landet, wird der Aufschlag wiederholt.

5.8 SCHLAGTECHNIKEN

5.8.1 Drive

Unter Drive versteht man einen gerade und ohne Drall gespielten Vorhand- oder Rückhandschlag. Er wird oft von Anfängern und Freizeitspielern als Grundlinienschlag angewendet, Fortgeschrittene und Profis setzen ihn als Angriffsschlag und Passierball ein. Der Drive – gelegentlich auch als Flat bezeichnet – besitzt eine flache Flugkurve und springt flacher vom Boden ab als ein Topspin. Nach dem Aufschlag und dem Schmetterball ist er der schnellste Schlag im Tennis.

5.8.2 Topspin

Bei den drei Grundschlägen Vorhand, Rückhand und Aufschlag kann dem Ball ein Vorwärtsdrall verliehen werden. Dann ist von einem Topspin die Rede. Dabei wird der Ball mit einer von unten nach oben durchgeführten Schlägerbewegung gestreift und dreht sich danach beim Flug in Vorwärtsrichtung um die eigene Achse.

Der Vorwärtsdrall/Topspin ist umso größer, je schneller der Schlägerkopf nach oben bewegt wird und je länger die Ballkontaktzeit und damit die Reibung zwischen Ball und Saiten ist. Dabei handelt es sich um Bruchteile von Sekunden. Messungen haben ergeben, dass der Ball hart gespannte Saiten lediglich 0,004 Sekunden berührt. Beim Topspin landet der Ball früher auf dem Boden und springt höher ab als bei einem Drive.

Der Topspin wird zumeist bei Vorhandschlägen angewendet, oft ist deshalb von einer überrissenen Vorhand die Rede. Er ist auf Sandplätzen wirksamer als auf anderen Belägen, weil der Ball hier noch höher abspringt. Gut geübte Spieler können dem Ball zusätzlich einen Seitwärtsdrall verleihen. Ein Aufschlag mit Topspin und/oder Seitwärtsdrall wird als Kick- oder Twistaufschlag bezeichnet.

Topspin

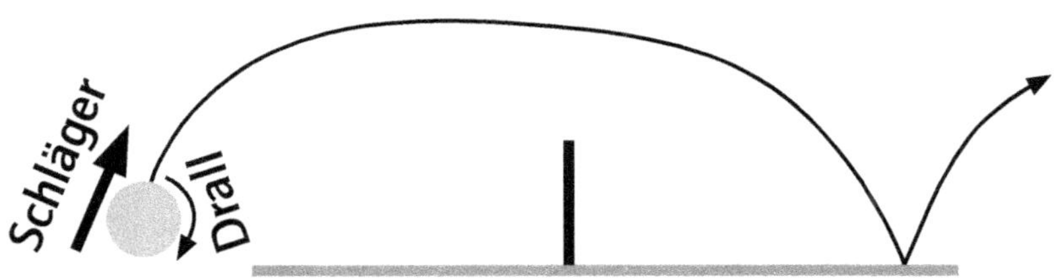

5.8.3 Slice

Der Slice ist das Gegenteil des Topspins. Hier wird dem Ball beim Schlag ein Rückwärtsdrall verliehen, aus diesem Grund wird der Slice gelegentlich auch Backspin genannt. Der Ball wird dabei mit einer von oben nach unten durchgeführten Schlägerbewegung gestreift und dreht sich danach beim Flug in Rückwärtsrichtung um die eigene Achse. Der Rückwärtsdrall/Slice ist umso größer, je schneller der Schlägerkopf nach unten bewegt wird und je länger die Ballkontaktzeit und damit die Reibung zwischen Ball und Saiten ist.

Beim Slice landet der Ball später auf dem Boden und springt tiefer ab als bei einem Drive oder Topspin. Der Slice wird zumeist bei Rückhandschlägen angewendet, dann ist von einer unterschnittenen Rückhand die Rede. Er gilt als Defensivschlag und auf der Vorhandseite gar als Notlösung, wenn der Spieler von einem gegnerischen Schlag in eine Ecke getrieben wurde.

Der Slice kann aber auch wirkungsvoll als Angriffsschlag eingesetzt werden, da der Spieler während der langen und langsamen Flugbahn des Balls mehr Zeit hat, ans Netz vorzurücken. Vor allem bei Stopps und beim Spiel auf Rasen entfaltet der Slice seine volle Wirkung, weil der Ball hier noch niedriger abspringt. Gut geübte Spieler können dem Ball zusätzlich einen Seitwärtsdrall verleihen. Beim Sliceaufschlag wird der Ball mit Seitendrall gespielt.

Slice

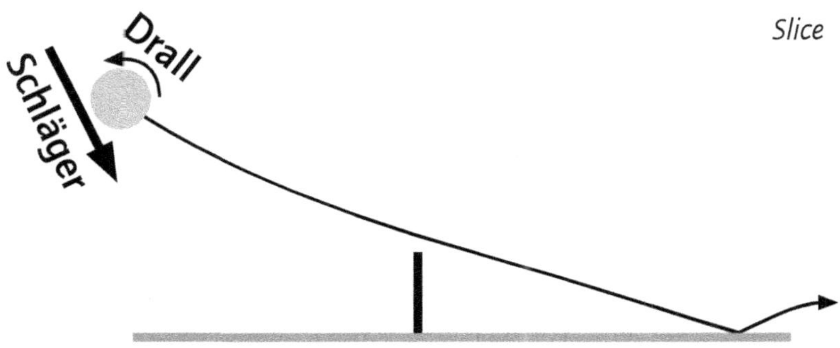

5.9 SCHLAGVARIANTEN

5.9.1 Volley

Als Volley bezeichnet man einen Schlag mit der Vorhand oder Rückhand, ohne dass der Ball vorher den Boden der eigenen Spielfeldhälfte berührt hat. Der Volley wird in der Regel in der Nähe des Netzes ausgeführt. Die

Ausholbewegung ist deutlich kürzer als bei einem normalen Vorhand- oder Rückhandschlag.

5.9.2 Schmetterball

Der Schmetterball ähnelt im Bewegungsablauf dem Aufschlag. Ein vom Gegner hoch geschlagener Ball wird über Kopfhöhe in dessen Feld zurückgeschmettert. Der Schmetterball wird in der Regel in Netznähe ausgeführt, zumeist ohne dass der Ball zuvor den Boden der eigenen Spielhälfte berührt hat. Ein Schmetterball mit der Rückhand hat Seltenheitswert. Er gilt als einer der technisch anspruchsvollsten Schläge und kommt meist nur dann zur Anwendung, wenn der Ball nicht mehr mit einem „normalen" Schmetterball zu erreichen ist.

5.9.3 Stopp

Der Stopp ist ein Schlag mit der Vorhand oder der Rückhand, bei dem der Ball unmittelbar hinter dem Netz auf den Boden springt, wenn sich der Gegner an oder in der Nähe der Grundlinie befindet. Der Ball wird gerne mit Rückwärtsdrall/Slice gespielt, sodass er noch weiter von dem nach vorne laufenden Gegner in Richtung Netz wegspringt und von diesem noch schwieriger erreicht werden kann.

5.9.4 Lob

Der Lob ist ein Schlag mit der Vorhand oder seltener mit der Rückhand, bei dem der Ball in einem hohen Bogen über den ans Netz aufgerückten Gegner hinweggespielt wird. Der Ball wird gerne mit Vorwärtsdrall/Topspin gespielt, sodass er weiter vom zurücklaufenden Gegner in Richtung Einzäunung wegspringt und von diesem noch schwieriger erreicht werden kann.

5.9.5 Passierschlag

Als Passierschlag, auch Passierball genannt, bezeichnet man einen Schlag mit Vorhand oder Rückhand, mit dem der Ball cross oder longline seitlich an dem ans Netz aufgerückten Gegner vorbeigespielt wird. Auch hier wird der Ball vorzugsweise mit Vorwärtsdrall/Topspin gespielt.

5.10 WEITERE SCHLÄGE

5.10.1 Ass

Als Ass bezeichnet man einen direkten Punktgewinn nach einem Aufschlag, wenn der Gegner den Ball nicht mehr berührt hat oder berühren konnte.

5.10.2 Winner

Als Winner bezeichnet man einen Punktgewinn nach einem Vorhand- oder Rückhandschlag, einem Schmetterball, einem Volley, einem Lob oder Stopp, der so gut platziert war, dass der Gegner den Ball nicht mehr zurückschlagen konnte. Dabei ist es unerheblich, ob er den Ball noch mit dem Schläger berühren konnte oder nicht. Einen Aufschlag, den der Gegner zwar noch berühren, aber nicht mehr korrekt zurückspielen konnte, bezeichnet man als Service Winner.

5.10.3 Forced Error/Unforced Error

Ein Forced Error (erzwungener Fehler) ist ein fehlerhafter Schlag, dem ein harter, schwer zu erreichender oder mit starkem Drall gespielter Schlag des Gegners voranging. Ein Unforced Error (unerzwungener Fehler) ist ein vermeidbarer, fehlerhafter Schlag, der nicht durch den vorangegangenen Schlag des Gegners beeinflusst wurde. Der Unterschied zwischen einem Forced Error und einem Unforced Error ist Ansichtssache.

5.10.4 Return

Der Return ist der dem Aufschlag des Gegners folgende Schlag. Er kann mit der Vorhand oder Rückhand gespielt werden. Der Return (deutsch Rückschlag) erfordert vor allem bei harten Aufschlägen eine hohe Reaktionsschnelligkeit. Gerade beim ersten Aufschlag des Gegners ist er oft nur als Notschlag mit kurzer Ausholbewegung möglich, vorzugsweise als Slice, um den Ball im Spiel zu halten.

5.10.5 Cross

Unter einem Cross (deutsch quer) versteht man einen in die diagonal gegenüberliegende Spielfeldecke geschlagenen Ball. Der Ball kann mit Vorhand und Rückhand härter geschlagen werden, da die Flugbahn quer über das Feld länger ist.

5.10.6 Longline

Longline (deutsch entlang der Linie) ist das Gegenteil von Cross. Der Ball wird mit Vorhand oder Rückhand parallel zu den Seitenauslinien in die direkt gegenüberliegende Spielfeldecke geschlagen.

5.10.7 Doppelfehler

Von einem Doppelfehler ist nach zwei fehlerhaften Aufschlägen eines Spielers hintereinander die Rede. Er hat den Ballwechsel damit verloren.

5.11 GRIFFHALTUNGEN

Die Grundschläge, Schlagtechniken und Schlagvarianten werden mit unterschiedlichen Griffhaltungen durchgeführt. Diese gelten als wichtige Voraussetzung für ein erfolgreiches Spiel. Es wird wie folgt unterschieden:

★ Vorhandgriff (Easterngriff): für alle Vorhandschläge, auch Volleys

★ extremer Vorhandgriff (Westerngriff): für Vorhandschläge mit Topspin, auch Lobs

★ Mittelgriff (Semicontinentalgriff): für langsame Grundschläge und Volleys auf der Vorhand- und Rückhandseite

★ Rückhandgriff (Continentalgriff): für alle Rückhandschläge, auch Volleys, für Aufschläge, für Schmetterbälle

★ beidhändiger Rückhandgriff: für Rückhandgrundschläge, außer Slice.

5.12 SPIELSTRATEGIEN

Im Tennis wird zwischen defensiven und offensiven Taktiken unterschieden, mit denen Ballwechsel gewonnen werden sollen.

5.12.1 Grundlinienspiel

Hier handelt es sich um eine defensive Spielweise. Beide Spieler halten ihre Position nahe der Grundlinie der eigenen Spielfeldhälfte, spielen mit Vorhand- und Rückhandschlägen weite Bälle an die Grundlinie des Gegners und hoffen auf dessen Fehler. Oft sieht man hier Topspin auf der Vorhand- und Slice auf der Rückhandseite.

5.12.2 Angriffstennis

Hier versucht ein Spieler, mit seinen Schlägen den Rhythmus eines Ballwechsels zu bestimmen und diesen schnellstmöglich abzuschließen. Dies kann mit druckvollen Schlägen von der Grundlinie, Angriffsbällen und Attacken ans Netz geschehen.

5.12.3 Inside Out/Inside In

Dies ist eine Form des Angriffstennis, bei der ein Spieler zumeist seine Rückhand umläuft, um den Ball mit seiner druckvolleren Vorhand in die gegnerische Spielfeldhälfte zu spielen. Spielt er diesen cross, spricht man von Inside Out (von innen nach außen), spielt er den Ball longline, spricht man von Inside In.

Ziel ist es, den Rhythmus eines Ballwechsels zu bestimmen und diesen schnellstmöglich abzuschließen. Selten sieht man es, dass ein Spieler seine Vorhand umläuft, um mit der Rückhand zu spielen.

5.12.4 Serve and Volley

Hier handelt es sich um eine Form des Angriffstennis, bei der ein Spieler unmittelbar nach seinem Aufschlag (Service) ans Netz aufrückt, um den Ballwechsel mit einem Volley zu entscheiden. Diese Strategie wurde einst auf den schnellen Rasenplätzen bevorzugt, ist in jüngerer Vergangenheit aber immer seltener geworden. Prototypen des Serve-and-Volley-Spielers waren John McEnroe, Boris Becker, Pete Sampras und Goran Ivanišević.

5.12.5 Chip and Charge

Das Prinzip ähnelt dem Serve and Volley. Hier rückt aber nicht der Aufschläger ans Netz auf, sondern der Rückschläger. Den (zumeist zweiten) Aufschlag des Gegners retourniert er mit einem Angriffsball (Chip) und läuft sofort ans Netz vor (Charge), um den Ballwechsel mit einem Volley zu entscheiden. Auch Netzangriffe aus einem laufenden Ballwechsel heraus können als Chip and Charge bezeichnet werden. Jimmy Connors und Andre Agassi trieben diese Strategie zur Perfektion.

★ 6 ★

WAS MAN SONST NOCH WISSEN MUSS

6.1 AUFSCHLAGSPEZIALISTEN

Wer hat eigentlich den härtesten Aufschlag im Profitennis? Hierzulande erinnert man sich natürlich an Boris Becker. Zu seiner großen Zeit in den 1980er- und 1990er-Jahren servierte der Leimener so hart wie kein anderer, sein Rekord liegt bei 219 Stundenkilometern. Nicht zu Unrecht verlieh ihm die *Bild*-Zeitung den Spitznamen „Bum Bum Boris".

Auch heute, drei Jahrzehnte später, in denen sich Schlägertechnologie und Athletiktraining längst weiterentwickelt haben, bräuchte sich Becker mit seinem Aufschlag nicht zu verstecken. Die Rekorde der großen Drei: Roger Federer mit 230 Stundenkilometern beim Rasenturnier in Halle 2010, Novak Djokovic mit 219 Stundenkilometern beim Sandplatzturnier in Madrid 2009 und Rafael Nadal mit 217 Stundenkilometern bei den US Open 2010.

Über den Weltrekord gibt es unterschiedliche Angaben. Offiziell hält ihn der US-Amerikaner John Isner mit 253 Stundenkilometern, die er während der Davis-Cup-Erstrundenpartie der USA 2016 in Australien erreichte.

Zwei Spieler schlugen jedoch schon mal härter auf: Der Franzose Albano Olivetti erreichte beim ATP-Challengerturnier 2012 in Bergamo 257,5 Stundenkilometer, der Australier Sam Groth beim ATP-Challenger im gleichen Jahr in Busan/Südkorea sogar 263 Stundenkilometer. Von der Spielervereinigung ATP wird diesen Rekorden jedoch die Anerkennung verweigert, weil die dort verwendeten Radarmessgeräte nicht vorab geprüft worden waren.

Ähnlich sieht es bei den Damen aus: Auch die 220 Stundenkilometer der Spanierin Georgina Garcia Perez und die 214 Stundenkilometer der Belarusin Aryna Sabalenka, beide aus dem Jahr 2018, werden wegen der nicht geeichten Messgeräte bei den Turnieren in Budapest bzw. Zhuhai/China nicht anerkannt. Offizielle Weltrekordhalterin ist somit Sabine Lisicki mit 210,8 Stundenkilometern beim WTA-Turnier 2014 in Stanford/Kalifornien.

Lisicki und Isner sind auch die Spieler mit den meisten Assen in einer Partie. Die Wahlberlinerin – Spitzname „Bum Bum Bine" – schlug 27 Asse bei ihrem Zweisatzsieg gegen die Schweizerin Belinda Bencic 2014 in Birmingham. Dem US-Amerikaner gelangen 2010 in Wimbledon 113 Asse bei seinem legendären Fünfsatzsieg gegen den Franzosen Nicolas Mahut, der mit elf Stunden und fünf Minuten reiner Spielzeit längsten Partie der Tennisgeschichte.

Keine offiziellen Angaben gibt es über den härtesten zweiten Aufschlag. Nach eigener Aussage hält diesen Rekord der Hamburger Alexander Zverev mit 234 Stundenkilometern bei seinem Viertelfinalsieg 2019 in Shanghai gegen Roger Federer.

6.2 BATTLE OF THE SEXES

Schaukämpfe unter dem Namen „Battle of the Sexes" (Kampf der Geschlechter) gab es dreimal. Der bekannteste, der 2017 auch verfilmt wurde, fand im September 1973 zwischen US-Starspielerin Billie Jean King und ihrem Landsmann Bobby Riggs vor über 30 000 Zuschauern im Astrodome von Houston statt. Rund 50 Millionen US-Amerikaner verfolgten das Spiel an den TV-Geräten.

Die amtierende Wimbledonsiegerin King, damals mit 29 Jahren auf dem Höhepunkt ihrer Karriere, war die treibende Kraft der Damentennisbewegung und wurde nur wenige Monate zuvor zur Präsidentin der Spielerinnenvereinigung WTA gewählt. Riggs hatte 1939 in Wimbledon gewonnen, war bereits 55 Jahre alt und hatte als selbstbekennender Chauvinist getönt, dass Herren in seinem Alter noch immer die aktuell besten Damen schlagen würden.

Dies hatte er vier Monate zuvor auch beim ersten „Battle of the Sexes" mit einem 6:2, 6:1-Sieg gegen die australische Weltklassespielerin Margaret Court bewiesen. Die Partie fand am Muttertag in Ramona/Kalifornien statt, US-Medien schrieben hinterher von einem „Muttertagsmassaker". Im Duell gegen King zog Riggs allerdings glatt in drei Sätzen (4:6, 3:6, 3:6) den Kürzeren. Später machten Gerüchte die Runde, er hätte absichtlich verloren, um mit dem Wettgewinn Schulden begleichen zu können.

Der dritte Kampf der Geschlechter fand 19 Jahre später in Paradise/Nevada zwischen dem damals 40-jährigen Jimmy Connors und der fünf Jahre jüngeren Martina Navratilova statt. Die Regeln wurden modifiziert: Connors durfte nur einmal aufschlagen und musste auf einem größeren Feld spielen. Dennoch bezwang er die 18-malige Majorsiegerin 7:5, 6:2.

Bei einem weiteren Geschlechterkampf war 1998 der Ratinger Karsten Braasch beteiligt. Die aufstrebenden Williams-Schwestern Serena und Venus, damals 16 und 17 Jahre alt, waren der Überzeugung, es gegen jeden Spieler mit einer Weltranglistenposition jenseits der 200 aufnehmen zu können. Während der Australian Open stellte sich Braasch, damals die Nummer 203, als Gegner zur Verfügung. Nachdem er zuvor provokant eine Runde Golf gespielt und zwei Biermischgetränke getrunken hatte, schlug er Serena Williams 6:1 und danach Venus Williams 6:2.

Brasch meinte hinterher, dass er sich dabei nicht mal sonderlich verausgabt hätte. Die Williams-Schwestern korrigierten ihre Aussage auf Position 350.

6.3 BATTLE OF THE SURFACES

In Anlehnung an die Kämpfe der Geschlechter standen sich im Mai 2007 Roger Federer und Rafael Nadal im „Battle of the Surfaces" (Kampf der Beläge) gegenüber. Das Showduell wurde in der Palma Arena auf Mallorca ausgetragen, in der ein Tennisfeld errichtet wurde mit Rasen auf der einen Seite des Netzes und Sand auf der anderen. Allein der Aufbau kostete 1,6 Millionen US-Dollar.

Rasenspezialist Federer hatte zuvor auf seinem Lieblingsbelag 48 Spiele hintereinander gewonnen, Nadal hatte mit 72 Siegen in Folge einen neuen Sandplatzrekord aufgestellt. Vor 7200 Zuschauern mussten beide Spieler auf beiden Belägen spielen. Nadal, damals die Nummer zwei der Welt, setzte sich gegen Federer, die Nummer eins, knapp mit 7:5, 4:6, 7:6 (12:10) durch. Der Spanier konnte auf Gras sieben Ballwechsel weniger für sich entscheiden, auf Sand aber zwölf mehr.

6.4 BEACHTENNIS

Beachtennis ist eine Mischung aus Tennis, Beachvolleyball und Badminton. Gespielt wird auf einem Beachvolleyballfeld (16 Meter lang, acht Meter breit) fast immer im Doppel oder im Mixed, Einzelspiele finden nur selten statt. Das Netz ist 1,70 Meter hoch (beim Herrendoppel auf internationaler Ebene 1,80 Meter).

Das Spielprinzip wurde vom Badminton abgeleitet: Der Ball darf vor der Netzüberquerung nur einmal berührt werden. Der Ballwechsel ist verloren, wenn der Ball auf der eigenen Spielfeldseite den Boden berührt oder ins Netz/Aus gespielt wird. Die Zählweise ist die Gleiche wie im Tennis. Gespielt wird mit Padeltennisschlägern (*siehe Kap. 6.14*) und druckreduzierten Bällen.

Die Sportart hat ihren Ursprung an der italienischen Adriaküste, wo sich in den 1970er-Jahren Touristen mit Holz- oder Plastikschlägern Bälle zuspielten. Später wurden richtige Tennisschläger verwendet. Das erste Beachtennisturnier ist im Jahr 1988 am Strand von Grado notiert. Ab da ging die Entwicklung rasend schnell. Immer mehr Turniere mit immer mehr Teilnehmern wurden ausgetragen.

1998 nahm der Deutsche Tennis Bund (DTB) die Trend- und Lifestylesportart in sein Regelwerk auf, zehn Jahre später tat dies der Weltverband ITF. Heute wird die Anzahl der aktiven Spieler weltweit auf zwei Millionen geschätzt. 2019 veranstaltete der DTB in vier Altersklassen (U14, U18, Aktive, Ü40) elf nationale Turniere mit rund 500 Teilnehmern und insgesamt rund 8000 Zuschauern sowie erstmals einen Ligenspielbetrieb mit Mixedteams (ein Herren-, ein Damen- und zwei Mixeddoppel).

Die ITF veranstaltete 2019 weltweit 412 Turniere mit rund 20 000 Teilnehmern. Der DTB richtet seit 2001 deutsche Meisterschaften aus, Tennis Europe seit 2007 Europameisterschaften und die ITF seit 2012 Weltmeisterschaften. DTB und ITF führen zudem Ranglisten der Spieler.

6.5 CENTER COURT

Der Center Court (im britischen Englisch und im Französischen Centre Court oder Court Central) ist der Hauptplatz einer Tennisanlage und in der Regel auch der Platz mit dem größten Fassungsvermögen. Hier finden das Endspiel und zumeist auch beide Halbfinals eines Turniers statt, in den Runden zuvor spielen hier die Stars.

Die größten Center Courts der Welt befinden sich in den USA: Das Arthur Ashe Stadion in New York, Schauplatz der US Open, hat eine Kapazität von 22 547 Plätzen, das Stadium 1 im Indian Wells Tennis Garden fasst 16 100 Zuschauer.

6.6 CHAMPIONS RACE

Im Jahr 2000 nahm die Spielervereinigung ATP eine umstrittene und letztendlich missglückte Reform der Weltrangliste vor. Das 1973 eingeführte System, wonach die Leistungen eines Spielers in den vorangegangenen 52 Wochen bewertet wurden, wurde abgelöst durch das Champions Race.

In diesem begannen alle Spieler – genau wie in der Fahrerwertung der Formel 1 – am 1. Januar bei null Punkten und wurden entsprechend ihrer im Laufe des Jahres gesammelten Punkte gelistet. Davon versprach sich die ATP eine bessere Verständlichkeit bei Tennislaien. Die „alte Weltrangliste" wurde nur noch untergeordnet als sogenanntes Entry System fortgeführt, um über die Zulassung eines Spielers zu einem Turnier sowie über dessen Berücksichtigung und/oder Position in der Setzliste zu entscheiden.

Die erste Nummer eins im Champions System wurde der Franzose Fabrice Santoro, der für seinen Finalsieg beim Turnier in Doha im Januar 2000 gegen Rainer Schüttler 50 Punkte erhielt. Der Deutsche war mit 35 Punkten demzufolge Nummer zwei.

Statt für Verständlichkeit sorgte das Champions Race jedoch für Verwirrung. Nachdem sich im Wochenrhythmus die Spieler an der Spitze ablösten, wurde die Kritik immer lauter. Schnell rückte deshalb das Entry System wieder in den Fokus. Doch erst 2006 erklärte die ATP das Entry System wieder zur offiziellen Weltrangliste.

Heute wird die Methode des Champions Race zur Ermittlung der acht Einzelspieler und Doppelpaare für die Saisonabschlussturniere ATP Finals und WTA Finals genutzt: als FedEx ATP Rankings Race to London bzw. Torino und als Porsche Race to Shenzhen.

6.7 DEUTSCHER IC

In 40 Nationen weltweit existieren unter dem Begriff „Internationaler Tennis Club" Vereinigungen ehemaliger und aktueller Spitzenspieler. Der erste war bereits 1924 der Internationale Tennis Club von Großbritannien. Der deutsche IC, so die gängige Abkürzung, wurde 1967 vom zweimaligen Roland-Garros-Gewinner Gottfried von Cramm und einigen weiteren Tennispersönlichkeiten als eingetragener Verein gegründet.

Ordentliches Mitglied kann laut dessen Homepage „nur werden, wer den Deutschen Tennis Bund als aktiver Spieler international vertreten hat und die Ideale der weltweiten ICs in seiner Person verkörpert". Darüber hinaus gibt es außerordentliche und fördernde Mitgliedschaften. Aktuell hat der deutsche IC rund 150 ordentliche Mitglieder, darunter die Wimbledonsieger Stefanie Graf, Boris Becker und Michael Stich sowie viele andere Spitzenspieler wie Wilhelm Bungert, Helga Masthoff, Claudia Kohde-Kilsch oder Anke Huber.

Der deutsche IC richtet Turniere, Länderkämpfe, gesellschaftliche und wohltätige Veranstaltungen aus und setzt sich für die Förderung des Tennisnachwuchses ein. Auswahlmannschaften des deutschen IC nehmen auch an internationalen IC-Wettbewerben wie etwa dem Potter Cup in Barcelona teil.

Präsident des deutschen IC ist der frühere Spitzenspieler Alexander Kurucz aus Altrip bei Ludwigshafen, der auch der Kooperationsgemeinschaft Leading Tennis Clubs of Germany vorsteht.

6.8 GRAND SLAM

Bezeichnet den Gewinn aller vier Majorturniere in Australien, Paris, Wimbledon und New York innerhalb eines Kalenderjahres und damit den größten Erfolg, den ein Tennisspieler erreichen kann. Die Bezeichnung „Grand Slam" wurde der Legende nach erstmals im Jahr 1930 im Golfsport von US-Journalist O. B. Keeler vom *Atlanta Journal* verwendet, der den Gewinn aller vier Majorturniere durch seinen Landsmann Bobby Jones mit einem Grand Slam im Kartenspiel Bridge verglich, dem Gewinn aller Stiche.

Im Tennis hielt die Bezeichnung am 18. Juli 1933 Einzug. Kolumnist Alan Gould schrieb in der US-Tageszeitung *Reading Eagle*, dass der Australier Jack Crawford die Aussicht auf einen Grand Slam hätte, nachdem er bereits die Turniere in Australien, Paris und Wimbledon gewonnen hatte. Beim vierten Major in New York schrammte Crawford um Haaresbreite am ersten Grand Slam der Tennisgeschichte vorbei, als er sich im Finale trotz 2:1-Satzführung dem Briten Fred Perry geschlagen geben musste.

Herreneinzel:	
1938	Don Budge (USA)
1962	Rod Laver (Australien)
1969	Rod Laver (Australien)
Dameneinzel:	
1953	Maureen Connolly (USA)
1970	Margaret Court (Australien)
1988	Stefanie Graf (Deutschland)
Doppel:	
1951	Ken McGregor/Frank Sedgman (beide Australien)
1984	Martina Navratilova/Pam Shriver (beide USA)
Mixed:	
1963	Margaret Smith/Ken Fletcher (beide Australien)

Anmerkung:

★ Margaret Court trug 1963 noch ihren Mädchennamen Smith.

Den ersten von bis heute lediglich fünf Grand Slams im Einzel schaffte 1939 der US-Amerikaner Don Budge. Im Einzel gelang er erst zwei Spielern und drei Spielerinnen, im Doppel erst zwei Paaren und im Mixed gar erst einem.

Im Doppel und im Mixed ist es Auslegungssache, ob ein Grand Slam vorliegt, wenn ein Spieler die vier Majors mit unterschiedlichen Partnern gewinnt. Dies gelang 1960 Maria Bueno (Brasilien) und 1988 Martina Hingis (Schweiz) im Doppel sowie 1965 Margaret Smith und 1967 Owen Davidson (beide Australien) im Mixed.

Untergeordnete Grand Slams sind der Nicht-Kalender-Grand-Slam und der Karriere-Grand-Slam *(siehe eigenen Text)*. Ein Nicht-Kalender-Grand-Slam (auch als unechter Grand Slam bezeichnet) liegt vor, wenn ein Spieler, ein Doppelpaar oder ein Mixedpaar alle vier Majors hintereinander gewonnen hat, aber eben nicht in einem Kalenderjahr. Ein solcher gelang im Einzel Stefanie Graf (Roland Garros 1993, Wimbledon 1993, US Open 1993, Australian Open 1994), zweimal Serena Williams (Roland Garros 2002, Wimbledon 2002, US Open 2002, Australian Open 2003 sowie US Open 2014, Australian Open 2015, Roland Garros 2015, Wimbledon 2015) und zuletzt Novak Đoković (Wimbledon 2015, US Open 2015, Australian Open 2016, Roland Garros 2016).

Kurios: Martina Navratilova gewann 1983 und 1984 sogar sechs Majorturniere hintereinander. Für einen Grand Slam fehlte ihr 1983 aber der Titel in Roland Garros, damals das erste Major des Jahres. 1984 fehlte ihr der Titel bei den Australian Open, damals das letzte Major des Jahres.

Erst einmal in der Tennisgeschichte konnte ein Golden Slam verbucht werden: 1988 gewann Stefanie Graf neben dem Grand Slam auch die Goldmedaille beim Tenniswettbewerb im Rahmen der Olympischen Sommerspiele in Seoul. Dass diesen künstlich kreierten Titel nicht mehrere Spieler verbuchen konnten, liegt auch daran, dass Tennis von 1928 bis einschließlich 1984 nicht zum Olympiaprogramm gehörte.

6.9 HARTFORD

Durch die Erfolge von Boris Becker ab Mitte der 1980er-Jahre rückte auch der Davis Cup hierzulande immer stärker in den Mittelpunkt des Interesses. 1985 führte Becker das deutsche Team erstmals seit 1970 wieder ins Finale des Nationenwettbewerbs, das in der Münchner Olympiahalle mit 2:3 gegen Schweden verloren wurde. 1988 revanchierte sich die DTB-Auswahl und holte mit einem 4:1-Finalsieg in Göteborg gegen Gastgeber Schweden erstmals den Pokal, den sie 1989 erneut gegen Schweden mit 3:2 in der Stuttgarter Hanns-Martin-Schleyer-Halle erfolgreich verteidigen konnte. Titelgewinn Nummer drei folgte 1993 mit Spitzenspieler Michael Stich und einem 4:1-Finalsieg in der Düsseldorfer Messehalle gegen Australien.

Das wohl legendärste Davis-Cup-Duell ging 1987 in Hartford/Connecticut über die Bühne. Die USA und Deutschland standen sich im Relegationsspiel um den Verbleib in der Weltgruppe gegenüber. Boris Becker und Eric Jelen hatten in der ersten Runde auf einem ungeliebten Sandplatz in Barcelona 2:3 gegen Spanien verloren, Davis-Cup-Rekordsieger USA hatte sich mit dem gleichen Ergebnis in Paraguay blamiert.

US-Star John McEnroe heizte vor dem Duell mit großspurigen Äußerungen die Stimmung auf. Doch Eric Jelen versetzte den Gastgebern mit einem überraschenden Fünfsatzsieg gegen den in der Weltrangliste über 50 Positionen besser platzierten Tim Mayotte den ersten Dämpfer. Im Anschluss lieferten sich Boris Becker und McEnroe ein episches Duell – Zeitungen schrieben hinterher von einem Psychokrieg. Nach sechseinhalb Stunden behielt Becker in der aufgeheizten Atmosphäre mit 4:6, 15:13, 8:10, 6:2, 6:2 die Oberhand.

Doch damit nicht genug: Nachdem die USA zum 2:2 ausgleichen konnten, musste das abschließende Einzel zwischen Becker und Mayotte über Klassenverbleib oder Abstieg entscheiden. Das Spiel wurde zum Drama. Becker gewann die ersten zwei Sätze, dann schienen ihn in seinem dritten schweren Match binnen 48 Stunden die Kräfte zu verlassen. Er verlor die Sätze drei und vier. Doch der Deutsche behielt die Nerven und rang den Amerikaner nieder.

„Ich brauche diese Jetzt-oder-nie-Situation", sagte er nach dem „schwierigsten Match meines Lebens". Im Anschluss drehte er unter Buhrufen und Pfiffen des Publikums mit der Deutschlandfahne eine Ehrenrunde durch die Halle – dies hatte es bis dahin noch nie gegeben.

6.10 HAWKEYE

Als im Fußball noch über dessen Sinn und Unsinn diskutiert wurde, hatte der Videobeweis im Tennis längst Einzug gehalten. 2005 wurde das sogenannte Hawkeye (zu Deutsch Falkenauge) vom Weltverband ITF bei den US Open erstmals auf hohem Niveau getestet und für gut befunden. 2006 beim Hopman Cup in Perth wurde es erstmals eingesetzt.

Dessen Funktionsweise: Rund um das Spielfeld werden mehrere Hightechkameras installiert, die den Ball aus verschiedenen Winkeln in seiner Flugkurve und seinem Aufprallpunkt erfassen (im Fachjargon tracken). Eine Software wandelt die Bilder in eine digitale 3-D-Animation um, die den Aufprallpunkt darstellt. Die Fehlertoleranz der Technologie liegt bei 3,6 Millimeter – dies sei laut Wissenschaftlern bei einem Balldurchmesser zwischen 6,54 und 6,86 Zentimetern eine vernachlässigbare Größe.

Jeder Spieler darf den Videobeweis bei zweifelhaften Linien- und Schiedsrichterentscheidungen dreimal pro Satz anfordern, ein zusätzliches Mal im Tiebreak. Im Fachjargon nennt man dies Challenge. Bestätigt sich die Entscheidung des Linien- oder Schiedsrichters, wird dem Spieler die Challenge abgezogen, wenn nicht, behält er sie. Nicht in Anspruch genommene Challenges können nicht in den nächsten Satz mitgenommen werden.

Mittlerweile wird das Hawkeye bei knapp 100 Turnieren weltweit eingesetzt, darunter bei drei der vier Grand-Slam-Turniere. Nur in Roland Garros wird darauf verzichtet. Bei zweifelhaften Entscheidungen steigt dort der Schiedsrichter von seinem Stuhl herab und kontrolliert den Ballabdruck auf dem Sand.

Erfunden und hergestellt wird das Hawkeye von der gleichnamigen Firma Hawk-Eye Innovations Ltd. im südenglischen Winchester, die 2011 von Sony aufgekauft wurde. Anfangs wurde das Hawkeye von manchen noch kritisch beäugt. Es wurde befürchtet, dass dem Sport der menschliche Faktor verloren ginge. Doch schon lange gibt es keinen Zweifel mehr: Das Hawkeye garantiert nicht nur mehr Gerechtigkeit auf dem Platz. Vielmehr sorgen die Entscheidungen, die von den Spielern und Zuschauern auf den Videowänden verfolgt werden können, auch für ein zusätzliches Unterhaltungs- und Spannungselement.

6.11 KARRIERE-GRAND-SLAM

Von einem Karriere-Grand-Slam spricht man, wenn ein Spieler, ein Doppel- oder ein Mixedpaar jedes der vier Majorturniere Australian Open, Roland Garros, Wimbledon und US Open im Laufe der Karriere mindestens einmal gewonnen hat. Im Einzel gelang dies acht Spielern und zehn Spielerinnen, im Doppel 13 und im Mixed drei Paaren (genannt ist das Jahr, in dem der Karriere-Grand-Slam komplettiert wurde).

Herreneinzel:	
1935	Fred Perry (Großbritannien)
1938	Don Budge (USA)
1962	Rod Laver (Australien)
1964	Roy Emerson (Australien)
1999	Andre Agassi (USA)
2009	Roger Federer (Schweiz)
2010	Rafael Nadal (Spanien)
2016	Novak Djoković (Serbien)

Dameneinzel:	
1953	Maureen Connolly (USA)
1954	Doris Hart (USA)
1957	Shirley Fry (USA)
1963	Margaret Smith (Australien)
1972	Billie Jean King (USA)
1982	Chris Evert-Lloyd (USA)
1983	Martina Navratilova (USA)
1988	Stefanie Graf (Deutschland)
2003	Serena Williams (USA)
2012	Maria Scharapova (Russland)

Doppel:	
1951	Ken McGregor/Frank Sedgman (beide Australien)
1956	Lew Hoad/Ken Rosewall (beide Australien)
1962	Roy Emerson/Neale Fraser (beide Australien)
1967	John Newcombe/Tony Roche (beide Australien)
1981	Kathy Jordan/Anne Smith (beide USA)
1984	Martina Navratilova/Pam Shriver (beide USA)
1993	Gigi Fernández/Natallja Zverava (USA/Belarus)
1998	Jacco Eltingh/Paul Haarhuis (beide Niederlande)
2000	Todd Woodbridge/Mark Woodforde (beide Australien)
2001	Serena Williams/Venus Williams (beide USA)
2006	Bob Bryan/Mike Bryan (beide USA)
2014	Sara Errani/Roberta Vinci (beide Italien)
2019	Pierre-Hugues Herbert/Nicolas Mahut (beide Frankreich)

Mixed:	
1951	Doris Hart/Frank Sedgman (USA/Australien)
1963	Margaret Smith/Ken Fletcher (beide Australien)
2016	Martina Hingis/Leander Paes (Schweiz/Indien)

Anmerkungen:

★ Neun weitere Doppelspieler, zwölf weitere Doppelspielerinnen und elf Mixedspielerinnen und -spieler konnten mit wechselnden Partnern Karriere-Grand-Slams verbuchen.

★ Margaret Court trug 1963 noch ihren Mädchennamen Smith.

6.12 LEADING TENNIS CLUBS OF GERMANY

Die traditionsreichsten und bekanntesten deutschen Tennisvereine haben sich 2009 zur Kooperationsgemeinschaft Leading Tennis Clubs of Germany (LTCoG) zusammengeschlossen.

Laut Homepage sind deren Ziele „der regelmäßige Informationsaustausch über alle vereinsrelevanten Themen – vor allem in den Bereichen Verwaltung, Finanzen, Steuern und Marketing – sowie sportlich-gesellschaftliche Begegnungen von Mitgliedern dieser Vereine". Mitglieder eines LTCoG-Clubs besitzen kostenloses Gastspielrecht auf den Anlagen aller anderen Clubs.

Die Zugehörigkeit eines Clubs zu den LTCoG ist laut Homepage „an enge Voraussetzungen geknüpft. Die Vereine müssen über eine große Mitgliederzahl und eine außergewöhnlich repräsentative Anlage verfügen, sich der Tradition verpflichtet fühlen und besondere sportliche Erfolge durch Mannschaften oder als Turnierveranstalter aufweisen." LTCoG-Vorsitzender ist der frühere Spitzenspieler Alexander Kurucz aus Altrip bei Ludwigshafen. 2019 gehörten folgende neun Clubs der Kooperationsgemeinschaft an:

- ★ Tennis-Club 1899 e.V. Blau-Weiss (Berlin)
- ★ Rochusclub Düsseldorfer Tennisclub e.V.
- ★ Tennisklub Grün-Weiss Mannheim e.V.
- ★ MTTC Iphitos e.V. (München)
- ★ Frankfurter Tennisclub 1914 Palmengarten e.V.
- ★ ETUF e.V. Tennis (Essen)
- ★ Der Club an der Alster e.V. (Hamburg)
- ★ Deutscher Tennis Verein Hannover e.V.
- ★ TC Blau-Weiß Dresden-Blasewitz e.V.

6.13 LEISTUNGSKLASSEN

Das Leistungsklassensystem (LKS) ähnelt dem Handicap im Golfsport und dient dazu, die Stärke eines Spielers einzustufen. Es wurde sukzessive ab 2007 von den Landesverbänden eingeführt, 2011 ins Regelwerk des Deutschen Tennis Bundes aufgenommen und im Herbst 2020 reformiert. Das LKS wird für die Zulassung und Setzliste von Turnieren und die Setzlisten bei Mannschaftswettbewerben verwendet. Es gibt 25 Leistungsklassen: LK 1 ist die beste Stufe, LK 25 die schwächste. Vor der Reform gab es zwei Leistungsklassen weniger. Alle Spieler ab zehn Jahren bewegen sich im gleichen LKS.

Punkte können bei sogenannten LK-Turnieren, bei Medenspielen und Meisterschaften (Landesverbands-, Bezirks- und Kreismeisterschaften oder deutsche Meisterschaften) gesammelt werden. 2019 fanden alleine in Bayern über 1500 LK-Turniere statt.

Vor der Reform gab es eine bestimmte Anzahl an Punkten für Siege gegen Spieler mit besserer, der gleichen oder einer schwächeren Leistungsklasse. Ein Spieler konnte innerhalb eines Spieljahres (1. Oktober bis 30. September) um maximal fünf Leistungsklassen aufsteigen oder um maximal zwei Leistungsklassen absteigen. Dafür musste er eine bestimmte Anzahl an Punkten gesammelt und eine bestimmte Anzahl an Siegen gegen Spieler aus höheren oder aus der gleichen Leistungsklasse errungen haben. Tat er dies nicht, verblieb er in seiner Leistungsklasse oder stieg im schlimmsten Fall ab. Stichtag für die LK-Einteilung für das nächste Spieljahr war bis dahin der 30. September.

Im Herbst 2020 wurde das System reformiert und dadurch deutlich dynamischer. Die wichtigsten Änderungen: Die Berechnung erfolgt seither nicht mehr einmal jährlich, sondern im wöchentlichen Rhythmus. Zudem wird die Leistungsklasse mit einer Nachkommastelle angegeben, etwa LK 8,3 oder LK 18,9.

Und in die Punktvergabe fließt die Altersklasse des Gegners ein. Siege gegen Spieler zwischen 16 Jahren (Damen) bzw. 18 Jahren (Herren) und 30 Jahren sind am wertvollsten. Die Berechnungen erfolgen auf digitalem Wege über die Plattform Mybigpoint.

In Zukunft soll auch eine bestimmte Anzahl sogenannter Wingfieldmatches berücksichtigt werden. Die Wingfield GmbH, ein nach dem Erfinder des modernen Tennisspiels benanntes Technologieunternehmen aus Hannover, stattet Tennisplätze mit Computern aus, die jede Aktion der Spieler erfassen und verarbeiten. Die Daten können nicht nur zur Spielanalyse genutzt werden, sondern auch in die LK-Berechnung einfließen.

6.14 PADELTENNIS

Die vor allem in Spanien, Argentinien und Mexiko beliebte Sportart ist eine Mischung aus Tennis und dem artverwandten Rückschlagspiel Squash. Vom Tennis wurden die meisten Spielregeln und vom Squash der Käfig übernommen. Dieser ist mit zehn Metern Breite und 20 Metern Länge mehr als doppelt so groß wie beim Squash und in der Mitte durch ein Netz getrennt. Die Wände sind drei bis vier Meter hoch und dürfen in die Ballwechsel miteinbezogen werden. Der beliebteste Bodenbelag ist mit Quarzsand bedeckter Kunstrasen.

Padeltennis wird ausschließlich im Doppel gespielt. Der Schläger ist nicht mit Saiten bespannt, sondern besitzt eine wenig elastische, gelöcherte Schlagfläche aus Kunststoff. Der Schläger darf maximal 46 Zentimeter lang und 26 Zentimeter breit sein, der Rahmen maximal 0,38 Zentimeter dick. Der Griff wird – aus Sicherheitsgründen – mit einer Schlaufe am Handgelenk des Spielers befestigt.

Dem paddelähnlichen Aussehen des Schlägers verdankt die Sportart ihren Namen. Gespielt wird mit drucklosen Gummibällen, die optisch Tennisbällen zum Verwechseln ähnlich sind.

Der Legende nach wurde Padeltennis 1965 von Don Enrique Corcuera in Acapulco erfunden. Der Mexikaner wollte auf seinem Grundstück ursprünglich einen Tennisplatz errichten, dafür gab es jedoch nicht genügend Platz. Daraufhin baute er ein Feld mit verkleinerten Maßen. Die Betonmauern, die an das Feld angrenzten, wurden von Corcuera der Einfachheit halber gleich mit ins Spiel einbezogen. Während eines Mexikobesuchs fand der spanische Prinz Alfonso zu Hohenlohe-Langenburg Gefallen an der Sportart und ließ in Marbella zwei Courts nachbauen. Von dort aus verbreitete es sich über Europa und die Welt.

Der 1991 gegründete Weltverband International Padel Federation (IPF) mit Sitz in Madrid hat mittlerweile 41 nationale Mitgliedsverbände, darunter den 2001 gegründeten Deutschen Padel Verband (DPV) mit Sitz in Köln. 2019 wurde von 19 europäischen Verbänden der Kontinentalverband European Padel Association (EPA) mit Sitz in Zürich aus der Taufe gehoben.

IPF, EPA und DPV führen Ranglisten und richten Turniere und Meisterschaften in allen Altersklassen aus. Die führende Turnierserie hierzulande ist die seit 2012 stattfindende German Padel Series (GPS), die auch zur Spielerauswahl für die Nationalmannschaften dient. Die Einführung einer Bundesliga ist für 2021 geplant.

Die Entwicklung der Sportart verläuft rasant: 2011 gab es bundesweit lediglich vier Padeltennisanlagen mit fünf Plätzen, 2015 zwölf Anlagen mit 22 Plätzen, 2019 schon 39 Anlagen mit 62 Courts, davon 22 in der Halle und 40 unter freiem Himmel. Diese verteilten sich auf Padeltennisvereine, kommerzielle Anbieter und auch auf 17 Tennisclubs.

6.15 SHOT CLOCK

Regel 29 (Kontinuierliches Spiel) des offiziellen ITF-Regelbuches besagt: „Zwischen den Punkten sind höchstens 25 Sekunden erlaubt. Die maximal zulässige Zeit beginnt ab dem Augenblick, in dem ein Punkt entschieden ist, bis der erste Aufschlag zum nächsten Punkt erfolgt ist. Es ist keine zusätzliche Zeit zu gewähren, um dem Spieler zu erlauben, sich zu erholen." Unter Regel 20 (Zweiter Aufschlag) ist nachzulesen, dass dieser „ohne Verzögerung" auszuführen sei. Und unter Regel 21 (Spielbereitschaft), dass der Rückschläger „innerhalb einer angemessenen Zeit, in der der Aufschläger spielbereit ist, zum Rückschlag bereit zu sein" habe.

Nachdem vor einigen Jahren die Spielverzögerungen im Profibereich ausuferten durch Rituale wie das unendliche Dribbeln des Balls oder den regelmäßigen Griff zum Handtuch, zogen der Weltverband ITF und die Spielervereinigungen ATP und WTA Konsequenzen. Bei den Next Gen ATP Finals 2017 in Mailand wurde die Shot Clock getestet und ein Jahr später beim Combined Event in Washington erstmals auf ATP- und WTA-Ebene eingesetzt.

Die Schussuhr zählt für die Spieler auf dem Platz und für die Zuschauer auf den Rängen einsehbar die 25 Sekunden herunter, die den Spielern maximal zustehen, um das Spiel fortzusetzen. Bei der ersten Zeitüberschreitung des Aufschlägers gibt es eine Verwarnung, ab der zweiten wird der Aufschlag als Fehler gewertet. Überschreitet der Returnspieler die Zeit, wird er zunächst verwarnt, ab dem zweiten Mal verliert er den Punkt.

Noch liegt es allerdings im Ermessen des Schiedsrichters, wann genau die Shot Clock nach Beendigung des vorangegangenen Ballwechsels zu laufen beginnt.

6.16 TIEBREAKIRRSINN

In den offiziellen Tennisregeln des Weltverbandes ITF steht schwarz auf weiß unter Regel 6b nachzulesen: „Wird der Spielstand von 6 beide erreicht, ist ein Tiebreakspiel zu spielen." Dieses wird unter Regel 5b genauer beschrieben: „Der Spieler, der zuerst sieben Punkte gewinnt,

gewinnt das Spiel und den Satz, vorausgesetzt, er führt mit einem Vorsprung von zwei Punkten über den Gegner. Falls nötig, wird das Tiebreakspiel so lange fortgesetzt, bis dieser Vorsprung erreicht ist."

Bei den vier Grand-Slam-Turnieren finden diese allen Spielern und Zuschauern geläufigen Regeln im entscheidenden Satz nur in New York Anwendung. Man erinnere sich an das dramatische Finale 2020 zwischen Dominic Thiem und Alexander Zverev.

Ansonsten sorgen die unterschiedlichen Regelungen für Verwirrung. Bei den Australian Open wird im entscheidenden Satz ein Match-Tiebreak bis zum zehnten Punkt gespielt. In Wimbledon wird der klassische Tiebreak erst beim Stand von 12:12 angewendet. Bis einschließlich 2018 wurde sogar darauf verzichtet, so wie es noch immer in Roland Garros der Fall ist. Dort werden der dritte Satz bei den Damen und der fünfte Satz bei den Herren so lange fortgesetzt, bis ein Spieler zwei Spiele Vorsprung erobert hat.

6.17 UNIVERSIADE

Seit jeher ist Tennis eine der Kernsportarten der International University Sports Federation (FISU), dem Ausrichter der seit 1959 im Zweijahresrhythmus stattfindenden Sommeruniversiade. Medaillen werden bei den Weltsportspielen der Studenten von Beginn an in den Kategorien Herreneinzel, Dameneinzel, Herrendoppel, Damendoppel und Mixed vergeben, 2009 wurde das Programm um die Teamwettbewerbe der Damen und der Herren erweitert.

In den Siegerlisten finden sich klangvolle Namen wie 1961 Nikola Pilić (Jugoslawien; im Doppel), 1965 Ion Tiriac (Rumänien), 1977 Tomáš Šmíd (Tschechoslowakei; im Einzel und Doppel) oder 2001 Li Na (China; im Einzel, Doppel und Mixed).

In den vergangenen Jahren wurden nahezu alle Wettbewerbe von Asiaten dominiert. Die einzigen Goldmedaillen für Deutschland holte 1963 im brasilianischen Porto Alegre Bodo Nitsche im Einzel und an der Seite von Lothar Pawlik im Doppel.

6.18 WELTRANGLISTE

In den vorangegangenen Kapiteln wurden bereits mehrfach die Weltranglisten bei Damen und Herren erwähnt. Hier nun wird deren Funktionsweise erklärt. Die Herrenweltrangliste wurde im August 1973 von der Spielervereinigung ATP eingeführt, die Damenweltrangliste der Spielerinnenvereinigung WTA folgte im November 1975. Der Rumäne Ilie Năstase war die erste Nummer eins bei den Herren, die US-Amerikanerin Chris Evert war es bei den Damen.

Die Berechnungen erfolgen bei ATP und WTA nach dem gleichen Prinzip: während der Saison im Wochen- und während der vier Majors im Zweiwochenrhythmus in der Nacht von Sonntag auf Montag. Es werden 18 Turniere eines Spielers bzw. 16 Turniere einer Spielerin in den vorangegangenen 52 Wochen berücksichtigt.

Die Weltranglisten entscheiden über die Zulassung eines Spielers zu einem Turnier (im Fachjargon Cut) sowie über dessen Berücksichtigung und/oder Position in der Setzliste. Mit der Setzliste soll verhindert werden, dass sich die besten Spieler schon in einer der ersten Runden gegenüberstehen.

Zu den 18 Turnieren bei den Herren gehören die vier Majors, acht der neun Turniere der Kategorie ATP Masters 1000 (mit Ausnahme von Monte Carlo) und die sechs besten Resultate eines Spielers bei Turnieren der Kategorien ATP 500 und ATP 250, der ATP Challenger Tour, der ITF Men's World Tennis Tour oder dem Turnier in Monte Carlo, das aus historischen Gründen eine Sonderrolle einnimmt.

Bei einem Major erhält der Sieger 2000 Weltranglistenpunkte, der Finalist 1200, die Halbfinalisten jeweils 750. Bei einem Masters 1000 sind es 1000 Punkte für den Sieger, 600 für den Finalisten und 360 für die Halbfinalisten. Die Abstufung geht entsprechend des Abschneidens und der Wertigkeit der Turniere weiter. Bei einem ATP Challenger werden maximal 125 Punkte vergeben.

Ist ein Spieler aufgrund seiner Weltranglistenposition nicht für ein Major oder ATP Masters 1000 qualifiziert, kann er dieses durch ein Turnier einer niedrigeren Kategorie ersetzen. Tritt ein Spieler nicht bei einem Major oder ATP Masters 1000 an, obwohl er dafür aufgrund seiner Weltranglistenposition qualifiziert war, wird dieses mit null Punkten gewertet, auch im Falle einer Verletzung.

Die ATP Finals gehen bei den acht Teilnehmern als zusätzliches 19. Turnier ins Ranking ein. Beim neuen ATP Cup kann ein Spieler bis zu 750 Bonuspunkte sammeln. Im Davis Cup und bei den Olympischen Spielen werden seit Januar 2016 keine Weltranglistenpunkte mehr vergeben. Das Maximum, das ein Spieler erreichen kann, liegt bei 21.750 Punkten. Den bisherigen Höchstwert markieren die 16.950 Punkte von Novak Djoković aus dem Juni 2016.

Bei den Damen fließen zwei Turniere weniger, also 16, in die Wertung ein. Bei einem Major erhält die Siegerin 2000 Punkte, die Finalistin 1300, die Halbfinalistinnen jeweils 780, die Viertelfinalistinnen jeweils 430. Bei einem WTA 1000 Turnier sind es 900 oder 1000 Punkte für die Siegerin, 585 oder 650 für die Finalistin und jeweils 350 oder 390 für die Halbfinalistinnen. Auch hier geht die Abstufung entsprechend des Abschneidens und der Wertigkeit der Turniere weiter. In der Kategorie WTA 125 werden maximal 160 Punkte vergeben.

Die WTA Finals werden bei den acht Teilnehmerinnen analog zu den Herren als zusätzliches Turnier gewertet. Tritt eine Spielerin nicht bei einem Major oder WTA 1000 an, obwohl sie dafür aufgrund ihrer Weltranglistenposition qualifiziert ist, wird dieses mit null Punkten gewertet, auch im Falle einer Verletzung. Ist eine Spielerin aufgrund ihrer Weltranglistenposition nicht für ein Major oder WTA 1000 qualifiziert, kann sie dieses durch ein Turnier einer niedrigeren Kategorie ersetzen. Die Doppelweltranglisten bei Damen und Herren funktionieren nach dem gleichen Prinzip. Bei den Herren gehen 18 Turniere in die Wertung ein, bei den Frauen nur elf.

Bei einer schwerwiegenden Verletzung mit mehr als sechs Monaten Pause kann ein Spieler ein **Protected Ranking** beantragen. Dies bedeutet, dass der Spieler von einer Weltranglistenposition, die der durchschnittlichen Platzierung in den ersten drei Verletzungsmonaten entsprach, wieder in den Turnierbetrieb einsteigen kann.

Ferner gibt es spezielle Sonderregelungen für Spieler im Juniorenalter (Age Ability) und über 30 Jahren, die weniger Turniere bestreiten müssen, ohne dadurch Nachteile bei ihrer Weltranglistenplatzierung zu erleben. Deren Erklärungen würden an dieser Stelle jedoch den Rahmen sprengen. Aufgrund der Spielpause wegen der Coronapandemie 2020 wurde der Berechnungszeitraum von ATP und WTA auf zwei Jahre ausgedehnt.

6.19 WESTPHAL, MICHAEL

Anfang der 1980er-Jahre galt Michael Westphal als der große Hoffnungsträger im deutschen Tennis. Nach dem Gewinn des U16-Europameistertitels schlug der gebürtige Pinneberger die Profilaufbahn ein. Und auch dort ließ der Erfolg nicht lange auf sich warten: 1982 debütierte er als 17-Jähriger im Davis Cup, 1983 gewann er mit der deutschen Auswahl den Kings Cup, 1984 in Livingston/USA erreichte er sein erstes Finale im Grand-Prix-Circuit. 1985 erlangte Westphal Heldenstatus, als er im Davis-Cup-Halbfinale den Tschechoslowaken Tomáš Šmíd nach fünfeinhalb Stunden mit 17:15 im fünften Satz niederrang.

In Erinnerung geblieben ist den Fans die epische Partie in der Frankfurter Festhalle auch deshalb, weil sich bei einem Netzangriff unter Westphals Füßen der Teppichboden löste. Der junge Deutsche ließ sich davon jedoch nicht irritieren und gewann den Ballwechsel. Im März 1986 erreichte der damals 21-Jährige mit Rang 49 seine beste Platzierung in der ATP-Weltrangliste.

Doch auf einmal ging es in seiner Karriere bergab. Westphal verlor eine Partie nach der anderen, kam bei Turnieren kaum noch über die erste Runde hinaus. Die Fachleute rätselten über die Formschwäche des Norddeutschen. Die Fans und Funktionäre, die ihn in Frankfurt noch gefeiert hatten, wendeten sich von ihm ab. Bei den German Open 1989 am Hamburger Rothenbaum erlebte Westphal mit dem Einzug ins Viertelfinale noch einmal ein kurzes Zwischenhoch. Doch anschließend zog er sich aus der Öffentlichkeit zurück.

Der 1,91-Meter-Hüne magerte auf 65 Kilogramm ab. Erst viele Jahre später kam heraus: Michael Westphal war an HIV erkrankt. Er hatte keine Überlebenschance, wirkungsvolle Medikamente und Therapien gab es damals noch nicht. Aus Angst vor Diskriminierung und Stigmatisierung hielt er seine Erkrankung geheim. Im Juni 1991 starb der große Sportler im Alter von nur 26 Jahren in der Hamburger Uniklinik an Aids.

Seine damalige Lebensgefährtin Jessica Stockmann gründete mit ihrem späteren Ehemann Michael Stich eine Stiftung, die sich für HIV-infizierte Kinder einsetzt.

6.20 WILDCARD

Entscheidendes Kriterium für die Teilnahmemöglichkeit an einem Turnier ist die Position eines Spielers in der Weltrangliste, der nationalen Rangliste oder hierzulande dessen Leistungsklasse. Weitere Startplätze werden über Qualifikationsspiele und per Wildcards vergeben. Mit einer solchen statten die Turnierveranstalter entweder Nachwuchstalente, Lokalmatadoren oder namhafte Spieler aus, die sich kurzfristig für eine Teilnahme entschieden oder diese aufgrund ihrer aktuellen Ranglistenposition verpasst haben.

Der bekannteste Turniersieger mit einer Wildcard ist Goran Ivanišević 2001 in Wimbledon. Als Nummer 125 der Welt schien der Kroate damals die besten Tage seiner Karriere längst hinter sich zu haben. Der All England Lawn Tennis and Croquet Club würdigte den langjährigen Top-Ten-Spieler und dreimaligen Wimbledonfinalisten (1992, 1994, 1998) mit einer Wildcard.

Und Ivanišević setzte auf dem heiligen Rasen zu einem sensationellen Siegeszug an. Im Finale gegen Patrick Rafter (Australien) gelang ihm mit 6:3, 3:6, 6:3, 2:6, 9:7 der größte Erfolg seiner Karriere. Ivanišević ist bis heute der einzige Spieler, der ein Grand-Slam-Turnier mit einer Wildcard gewinnen konnte.

6.21 WORLD TEAM TENNIS

World Team Tennis (WTT) ist eine 1973 von mehreren Geschäftsleuten, unter anderem dem bekannten Boxpromoter Larry King, gegründete Profiliga für Mixedmannschaften in den USA. Eine Partie besteht aus fünf Sätzen mit fünf Gewinnspielen (ein Satz Herreneinzel, ein Satz Dameneinzel, ein Satz Herrendoppel, ein Satz Damendoppel, ein Satz Mixed). Beim Stand von 4:4 kommt ein Tiebreak über neun Gewinnpunkte zur Anwendung.

Die WTT erlebte seit ihrer Gründung eine wechselhafte Geschichte. Für die Debütsaison 1974 lockte WTT-Präsident Jordan Kaiser, ein tüchtiger Geschäftsmann aus Chicago, die Spieler mit Garantiesummen von 40.000 bis 125.000 US-Dollar. Der Weltverband ILTF witterte in der dreimonatigen WTT-Saison zwischen Mai und August, in der 16 Mannschaften 22 Heim- und 22 Auswärtsspiele sowie anschließend Play-offs bestritten, Konkurrenz für seine Grand-Prix-Turniere. Den Profis, die bei der WTT unterschrieben, wurden Sperren angedroht.

In den ersten Jahren wurde auf sogenannten No Line Courts gespielt, auf denen die verschiedenen Bereiche des Spielfeldes nicht mit Linien markiert waren, sondern in unterschiedlichen Farben. Von 1978 bis 1980 pausierte der Spielbetrieb, 1981 bestand die Liga lediglich aus vier Teams, 1984 übernahm Tennisidol Billie Jean King als Commissioner (bis 2000) und Mehrheitsgesellschafterin (bis 2017) das Kommando.

Über die Jahre hinweg traten Weltstars wie eben Billie Jean King, Rod Laver, Björn Borg, Chris Evert, John McEnroe, Jimmy Connors, Martina Navratilova, Andre Agassi, Pete Sampras, Venus Williams, Serena Williams, Martina Hingis oder Maria Scharapova in der WTT an. Längst findet die Saison nicht mehr über einen Zeitraum von drei Monaten statt, sondern über drei Wochen im Juli und August. Rekordmeister sind die Washington Kastles und die heute nicht mehr existierenden Sacramento Capitals mit jeweils sechs Titeln.

In der Saison 2020 bestand die Liga aus neun Mannschaften: Chicago Smash, New York Empire, Orange County Breakers (Newport Beach/Kalifornien), Orlando Storm, Philadelphia Freedoms, San Diego Aviators, Springfield Lasers, Vegas Rollers und Washington Kastles. Wegen der Coronapandemie wurde sie komplett in Turnierform in White Sulphur Springs/West Virginia ausgetragen. Für das Siegerteam aus New York traten unter anderem die Belgierin Kim Clijsters und anfangs auch die Deutsche Sabine Lisicki an.

6.22 ZUSCHAUERWELTREKORD

Über neun Jahre lang hielt die Bestmarke von Kim Clijsters (Belgien) und Serena Williams (USA), die im Juli 2010 im König-Baudouin-Stadion von

Brüssel, besser bekannt unter seinem früheren Namen Heyselstadion, einen Schaukampf vor 35 681 Zuschauern bestritten.

Im Winter 2019/20 wurde gleich zweimal ein neuer Zuschauerweltrekord aufgestellt. Zunächst im November von Roger Federer und Alexander Zverev, die sich in der Stierkampfarena von Mexiko-City ein Duell vor 42 517 Zuschauern lieferten. Und dann Anfang Februar von Roger Federer und Rafael Nadal, die im Fußballstadion von Kapstadt ein Benefizspiel („Match in Africa") vor 51 954 Besuchern absolvierten.

Die Ergebnisse waren an diesen Tagen nebensächlich. Dennoch fürs Protokoll: Clijsters siegte in zwei, Federer in beiden Spielen in drei Sätzen.

★★★

ANHANG

1 LITERATURVERZEICHNIS

Bücher:

Barschel, C.A. (2020). *Ein Jahr auf dem Court*. Aachen: Meyer & Meyer.

Deutscher Tennis Bund. (Hrsg.) (2020). *Beachtennis – Informationen von A-Z*. Hamburg: DTB e.V.

Gillmeister, H. (1990). *Kulturgeschichte des Tennis. Tennis in Deutschland*. München: Wilhelm Fink Verlag.

Goosmann, F. (2019). *111 Gründe, Tennis zu lieben – Eine Liebeserklärung an den großartigsten Sport der Welt*. Berlin: Schwarzkopf & Schwarzkopf.

Hodgkinson, M. (2018). *Spiel, Satz und Sieg*. Grünwald: Copress Sport.

Association of Tennis Professionals (Hrsg.). (2020). *ATP Official Rulebook*. London: ATP Tour, Inc.

Association of Tennis Professionals (Hrsg.). (2020). *ATP Tour Media Guide*. London: ATP Tour, Inc.

Women's Tennis Association (Hrsg.). (2020). *Official Rulebook*. St. Petersburg: WTA Tour, Inc.

Women's Tennis Association (Hrsg.). (2020). *Media Guide*. St. Petersburg: WTA Tour, Inc.

Artikel:

Antic, A. (2018). ATP-Finals: Die Masters-Story. *Tennis Magazin*. Hamburg. November 2018.

Allmeroth, J. (2013). Wenn es Nacht wird in New York. *Tennisnet.com*. 4. September 2013.

Barschel, C.A. (2017). Die 10 besten Fed-Cup-Spielerinnen aller Zeiten. *Tennisnet.com*. 10. Februar 2017.

Barschel, C.A.)2017). Die Davis-Cup-Schlacht von Hartford. *Tennisnet.com*. 24. Juli 2017.

Böseler, T. (2018). 50 Jahre Open Era: Wie Tennis offen für alle wurde. *Tennis Magazin*. Hamburg. Mai 2018.

Böseler, T. (2018). Das Turnier der Deutschen. *Tennis Magazin*. Hamburg. August 2020.

Haberl, T. (2020). Mit Schwung in die Herzen. *Tennis Magazin*. Hamburg. August 2020.

Martin, D. (2019). Wie funktioniert die ATP-Weltrangliste im Tennis. *Wettbasis.com*. 12. Oktober 2019.

Meili, M. (2015). Wuchtig plattgedrückt. *Tagesanzeiger*. Zürich. 26. Juni 2015.

Sportinformationsdienst. Masters-Pionierin Hanika: *„Gibt kaum noch Persönlichkeiten im Tennis"*. Köln. 29. Oktober 2016.

Internet:

Association of Tennis Professionals: www.atptour.com

Deutscher Tennis Bund: www.dtb-tennis.de

PTS Tennisplatz- und Sportanlagenbau GmbH Wiesbaden: pts-tennisplatzservice.de

Swiss Tennis: www.swisstennis.ch

The Berlin Tennis Gallery: www.berlintennisgallery.com

United States Tennis Association: www.usta.com

Women's Tennis Association: www.wtatennis.com

Vielen Dank für die fachliche und freundliche Unterstützung an Daniel Dudek, Arno Hartung, Samir Mujakic und Michael Ryberg.

2 BILDNACHWEIS

Cover: dpa, Schriftzug: AdobeStock

Coverlayout: Katerina Georgieva

Lektorat: Dr. Irmgard Jaeger

Innenlayout: Katerina Georgieva Satz:

ZeroSoft

Fotos Innenteil:

Autor: S. 17, 65, 70, 94, 95

Kas: S. 14

dpa: S. 115, 118, 126, 133, 145

Bearbeitung Grafiken Innenteil: Katerina Georgieva: S. 152, 157, 160, 168, 169

Abonnieren Sie unseren kostenlosen Newsletter unter **www.dersportverlag.de**

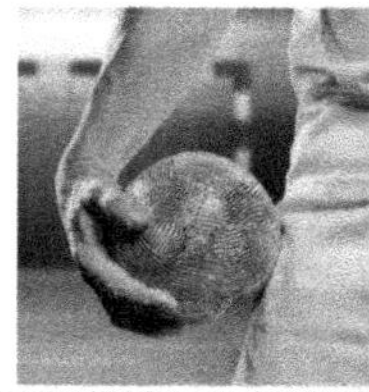

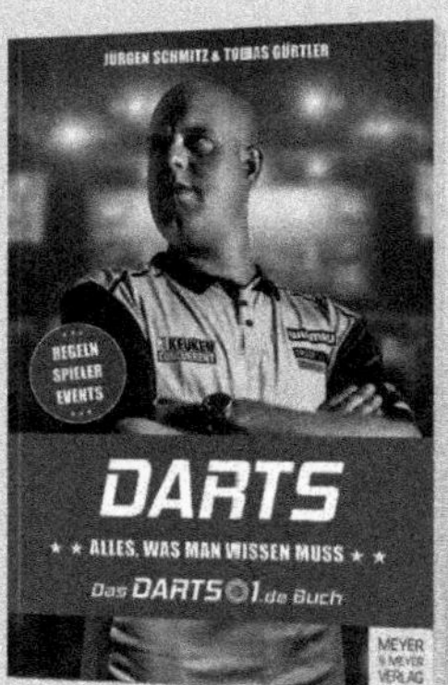

ISBN 978-3-8403-7728-0
€ [D] 14,95/[A] 15,40

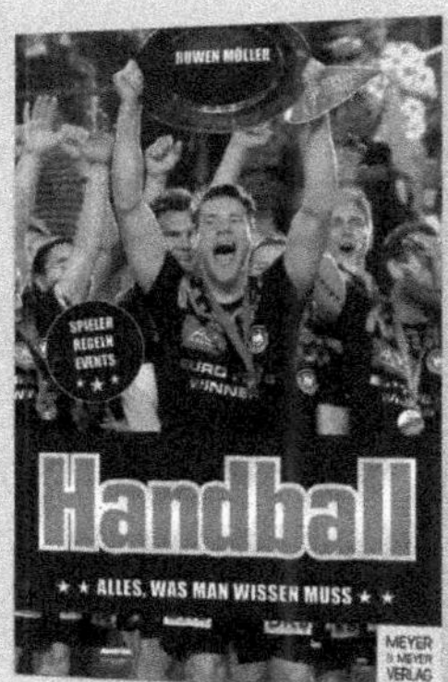

ISBN 978-3-8403-7683-2
€ [D] 14,95/[A] 15,40

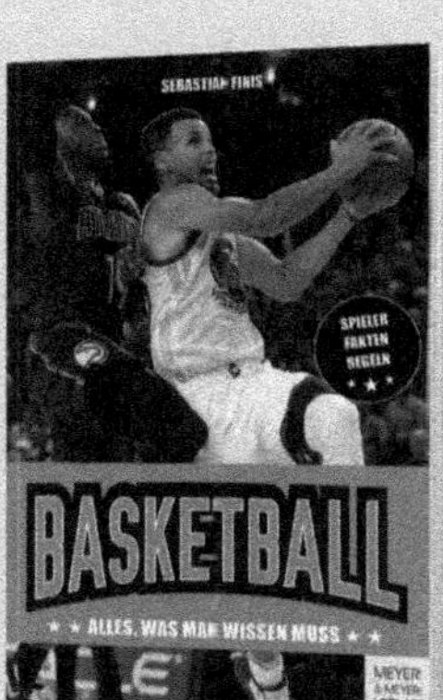

ISBN 978-3-8403-7696-2
€ [D] 14,95/[A] 15,40

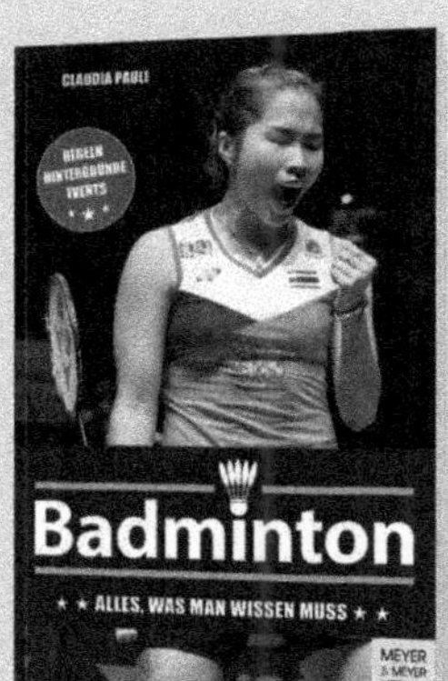

ISBN 978-3-8403-7684-9
€ [D] 14,95/[A] 15,40

Preisänderungen vorbehalten und Preisangaben ohne Gewähr! Bild oben rechts © AdobeStock

MEYER & MEYER Verlag
Von-Coels-Str. 390
52080 Aachen

Telefon	02 41 - 9 58 10 - 25
Fax	02 41 - 9 58 10 - 10
E-Mail	vertrieb@m-m-sports.com
Website	www.dersportverlag.de

MEYER & MEYER VERLAG